LA VIE PRIVÉE

D'AUTREFOIS

Cet ouvrage a été déposé au ministère de l'intérieur (section de la librairie) en avril 1888.

LA VIE PRIVÉE D'AUTREFOIS

VOLUMES PARUS :

PARIS. TYP. DE E. PLON, NOURRIT ET Cⁱᵉ, RUE GARANCIÈRE, 8.

LA VIE PRIVÉE

D'AUTREFOIS

ARTS ET MÉTIERS

MODES, MŒURS, USAGES DES PARISIENS

DU XIIᵉ AU XVIIIᵉ SIÈCLE

D'APRÈS DES DOCUMENTS ORIGINAUX ET INÉDITS

PAR

ALFRED FRANKLIN

LA CUISINE

L'ABOR · IMPROBVS · OMNIA VINCIT

PARIS

LIBRAIRIE PLON

E. PLON, NOURRIT ET Cⁱᵉ, IMPRIMEURS-ÉDITEURS

RUE GARANCIÈRE, 10

1888

LA
VIE PRIVÉE D'AUTREFOIS

LA CUISINE

I

DU TREIZIÈME AU SEIZIÈME SIÈCLE.

Bien des gens, fiers à bon droit des con-
quêtes de la science et des progrès en tous
genres qui ont été réalisés presque sous leurs
yeux, croient de très-bonne foi que notre civi-
lisation date d'hier. Ils se figurent qu'avant
eux les Français végétaient au hasard, sans
règles et sans lois, et que si l'on remonte à
cinq ou six cents ans par exemple, notre pays
était plongé dans les ténèbres de la barbarie.

Je leur déclare qu'ils se trompent.

Leur erreur provient de ce que l'histoire,

telle qu'on la comprend encore aujourd'hui, ne nous donne jamais une idée tout à fait exacte de l'époque qu'elle veut peindre. Les événements politiques qu'elle enregistre avec tant de soin ne sont en réalité que des accidents dans l'existence d'un peuple, et troublent moins qu'on ne le suppose sa vie intime, jusqu'à présent trop négligée. Je n'aurai pas besoin pour le prouver de chercher bien loin un exemple.

Vu à distance, dans trois ou quatre cents ans d'ici, le dix-neuvième siècle ne paraîtra-t-il pas un des plus désolés qu'ait traversés l'humanité? L'historien qui aura à raconter les effroyables guerres de l'Empire, terminées par l'invasion de 1815, la révolution de 1830, celle de 1848, le coup d'État de 1852, la campagne de 1870, le territoire envahi une seconde fois, la Commune et le double siége de Paris par les Prussiens, puis par les Français, cet historien ne se croira-t-il pas obligé de déplorer le sort affreux des Parisiens de ce temps-là, qu'il représentera comme ayant vécu dans des transes incessantes, comme toujours tremblants pour leur patrie, pour leur personne et pour leurs biens?

En somme, quand on l'étudie de près, on

s'aperçoit que le dix-neuvième siècle en vaut bien un autre. Mon avis est même qu'il vaut mieux que ses prédécesseurs, et si l'on m'eût donné le choix, j'aurais encore retardé de quelques centaines d'années mon entrée dans ce monde. Mais il ne faut pourtant pas s'imaginer que les Parisiens contemporains de Philippe-Auguste ou de saint Louis étaient tous misérables et grossiers; que le pauvre peuple était réduit à la condition d'animaux et traité comme tels; que le serviteur, martyr de sa patience et de sa soumission, était accablé de besogne et rudoyé du matin au soir par son maître[1]; que l'ouvrier, vêtu de haillons, couchait sur la paille, arrosait ordinairement son pain de ses larmes, et tremblait comme la feuille sous le regard de son seigneur ou de son patron.

Il n'en est rien.

Sans doute, à cette époque, la justice n'était pas toujours la même pour tous. Mais elle n'était en général rendue ni par le roi, ni sous un chêne. Il existait déjà, au criminel comme au civil, une procédure bien déterminée et dans la plupart des cas suivie[2].

[1] Voy. ci-dessous, p. 55.
[2] En 1302 au plus tard, la procédure écrite fut en usage

Sans doute, on avait souvent à déplorer les
expéditions lointaines, les guerres de conquête
et les discordes civiles. Mais sur ce point,
sommes-nous beaucoup plus sages aujourd'hui?

Sans doute, le clergé et la noblesse ne
payaient pas, le plus souvent, d'impôt direct.
Mais les *tailles* levées sur le reste de la nation
étaient équitablement réparties au prorata du
revenu de chaque contribuable[1].

Sans doute, les voies de communication
étaient encore bien imparfaites. Et pourtant,

---

au Châtelet de Paris. Voy. dans la *Revue critique*, années
1871 et 1872, la traduction de l'important ouvrage de
BRUNNER, *Wort und form in alfranzösischen process.* Voir
aussi L. TANON, *l'Ordre du procès civil*, 1886, in-8º.

[1] Le roi ayant fait connaître le chiffre de la somme à
fournir par la ville, les habitants élisaient quarante « hommes
bons et loiaux. ». Ceux-ci désignaient à leur tour douze personnes d'une probité reconnue ; c'étaient les répartiteurs chargés d'*asseoir* la taille, de fixer la somme à payer par chaque
contribuable : « Et les douze hommes nommés jureront sur
les saintes Évangiles que bien et diligeamment ils asserront
ladite taille, ne n'espargneront nul, ne n'engraveront nul,
par haine, ou par amour, ou par prière, ou par crainte, ou
en quelconque autre manière que ce soit. » Avant de se
mettre à l'œuvre, ces douze citoyens élisaient au scrutin
secret quatre commissaires, dont les noms restaient cachés
jusqu'à ce que la répartition de la taille fût achevée. Alors,
et avant la publication du rôle, ils déterminaient la quotité
de l'impôt qui devait être mis à la charge des douze répartiteurs. *Ordonnance de 1292.* Voy. DU CANGE, au mot *Tallia*,
et le *Recueil des ordonnances*, t. I, p. 291.

l'Orient nous envoyait déjà ses plus beaux tissus et ses plus brûlantes épices ; et sans être bien riche, le Parisien pouvait manger du poisson de mer assez frais.

Sous le nom de *guet bourgeois* ou *guet des métiers*, la garde nationale existait déjà, et à part certaines exceptions [1], tous les commerçants établis en faisaient partie. Soixante hommes environ étaient convoqués pour chaque nuit. A l'heure du couvre-feu, ils se rendaient au Châtelet, où le *clerc du guet* les partageait entre huit postes établis dans les divers quartiers de Paris. Le lendemain au petit jour, le *cor du guet* sonnait du faîte de l'une des tours du Châtelet, et ce signal appelé *guette cornée* rendait la liberté aux bourgeois qui avaient passé la nuit [2]. Le tour de garde de chacun d'eux revenait à peu près toutes les trois semaines.

Le chef-d'œuvre de l'art gothique, la Sainte-Chapelle du Palais, date de la fin du siècle.

L'Université, déjà florissante, comptait une

---

[1] Voy. G. DEPPING, *Ordonnances relatives aux métiers*, p. 425.

[2] Voy. le *Livre des métiers*, titre LXXVI, art. 33, et *passim*.

foule d'étudiants, venus même de l'étranger, d'Italie, d'Angleterre, de Danemark, etc.[1]. Ils avaient à leur disposition plusieurs bibliothèques publiques, parmi lesquelles on peut citer celles de l'église Notre-Dame, et surtout celle de la Sorbonne où étaient réunis plus de mille volumes[2].

Sans doute, il n'y avait alors ni horloges, ni montres, ni pendules. Et pourtant à heure fixe les magistrats se rendaient à leur tribunal, les soldats à leur poste, les ouvriers à leur travail, les cuisiniers à leurs fourneaux[3].

Sans doute, l'ordre social laissait fort à désirer. Cependant, le plus humble travailleur avait ses droits nettement définis, et garantis par les statuts du métier qu'il exerçait.

Et tenez, voulez-vous savoir comment était alors réglée l'organisation du travail? Quelques pages consacrées à ce sujet ne m'écarteront pas du but que je me suis proposé en commençant ces petites notices, et elles contribueront à établir ce que j'ai dit plus haut sur la condition du peuple au treizième siècle.

[1] Voy. A. F., *les Rues et les cris de Paris au treizième siècle,* p 78 et suiv.

[2] Voy. A. F., *les Anciennes Bibliothèques de Paris,* t. I et II.

[3] Voy. dans cette collection : *la Mesure du temps.*

L'industrie et le commerce avaient pour base les corporations.

La *corporation*, dite aussi *communauté* ou *corps de métier*, était l'association, reconnue par l'État, des individus exerçant la même profession.

La corporation se composait essentiellement :

1° Des *jurés*, vrais chefs de l'association, chargés de l'administrer et de faire observer ses statuts ;

2° Des *maîtres* ou patrons ;

3° Des *valets* ou ouvriers ;

4° Des *apprentis*.

Cette hiérarchie fut toujours respectée. Tout individu devait servir comme apprenti pendant un laps de temps déterminé avant d'obtenir le titre de valet et de jouir des prérogatives y attachées.

Et celles-ci n'étaient pas à dédaigner. Car en même temps qu'elles relevaient l'ouvrier à ses propres yeux, elles lui permettaient de surveiller de près tout ce qui concernait ses intérêts matériels, et même de prendre part à l'administration du corps auquel il appartenait.

S'agissait-il de modifier les statuts qui régissaient la communauté? Patrons et ouvriers se réunissaient, et ils arrêtaient ensemble une nouvelle rédaction qu'ils allaient soumettre au prévôt de Paris.

En août 1257, comparurent devant lui « les maistres foulons et leurs varlets, et apportèrent un escript qui avoit esté faict par l'accord des deux parties [1]... »

Le prévôt Regnaut Barbou écrit en mai 1270 : « Nous faisons savoir que par devant nous vindrent les maistres et vallez d'oubloierie [2], et recognurent qu'ils avoient fait ceste ordenance de leur mestier en la manière qui s'ensuit [3]. »

Au mois d'avril 1290, « s'assemblèrent les courtepointiers [4], maistres et vallès, presque tous ceux qui adonc estoient à Paris ouvrant [5] de ce mestier, et suplièrent Jehan de Monteigni, adonc prevost de Paris, que pour le profit de leur mestier tels establissemens [6] fussent faits au dit mestier [7] ».

Les droits des patrons et des ouvriers

---

[1] G. Depping, *Ordonnances relatives aux métiers*, p. 397.
[2] Faiseurs d'oublies.
[3] G. Depping, p. 350.
[4] Ils fabriquaient des coussins, des matelas, des lits de plume, etc.
[5] Travaillant.
[6] Statuts.
[7] G. Depping, p. 386.

semblent avoir été absolument égaux en cette circonstance, car les actes soumis à l'autorité prévôtale portent les signatures ou au moins les noms des uns et des autres[1].

S'agissait-il de nommer les jurés qui, pendant deux ou trois ans, allaient administrer la communauté? L'élection se faisait au *suffrage universel*, maîtres et ouvriers réunis. Les jurés, disait-on, étaient « esleus et establis par l'accord du commun du mestier ». Et ce n'est pas tout; dans un grand nombre de corporations une partie des jurés était choisie parmi les ouvriers.

La corporation des foulons avait à sa tête quatre jurés, dont deux pris parmi les patrons et deux parmi les ouvriers[2].

---

[1] Voy. dans DEPPING les statuts des fourbisseurs, an. 1290, . 367; des faiseuses d'aumônières, 1299, p. 382; des brodeurs, p. 379, etc., etc.

[2] *Livre des métiers*, dit d'Étienne BOILEAU, titre LIII, art. 18. — Au milieu du treizième siècle, un très-petit nombre de corporations possédait des statuts écrits; la plupart n'avaient pour loi qu'une tradition transmise de père en fils, de maître en maître. De là, bien des querelles, bien des discussions, bien des procès; et le prévôt de Paris, chargé de la juridiction des métiers, se trouvait parfois fort embarrassé pour accorder des prétentions rivales qui se fondaient sur des titres aussi vagues. Étienne Boileau, investi de ces fonctions par saint Louis, eut, vers 1268, l'idée de réunir les règlements de toutes les corporations. Il invita

Les boucliers d'archal[1] élisaient cinq jurés, dont trois choisis parmi les patrons et deux parmi les ouvriers[2].

Les épingliers élisaient six jurés, dont trois étaient choisis parmi les patrons et trois parmi les ouvriers[3].

Il en fut de même, au début du quatorzième siècle, chez les mégissiers, les faiseurs de courroies, etc.

Un fourbisseur voulait-il renvoyer un de ses ouvriers? Il ne le pouvait sans bonnes et valables raisons. Et celles-ci devaient être jugées telles par un tribunal composé des quatre jurés, à qui s'adjoignaient deux ouvriers[4].

Un tréfilier d'archal voulait-il prendre un apprenti? Les clauses du contrat d'apprentissage devaient être discutées en présence des jurés par deux patrons et deux ouvriers du métier[5].

---

donc chacune d'elles à compléter ou à rédiger les siens, afin de les soumettre à son approbation. Cent vingt et une d'entre elles s'empressèrent de déférer à l'invitation qui leur était adressée.

[1] Ils fabriquaient des anneaux, des boucles « et toutes manières de ferreures à corroies ».

[2] *Livre des métiers,* titre XXII, art. 14.

[3] *Id.,* titre LX, notes additionnelles.

[4] *Statuts de* 1290. Dans G. DEPPING, p. 367.

[5] *Livre des métiers,* titre XXIV, art. 6.

Cette grave question de l'apprentissage était réglée dans toutes les corporations avec un soin minutieux. Nous venons de voir le contrat soumis à des formalités qui en faisaient un acte sérieux, et la présence de plusieurs témoins était d'autant plus indispensable que cet acte restait presque toujours purement verbal. Le *Livre des métiers* ne renferme qu'une seule mention de contrat d'apprentissage passé par écrit. Les *fileresses de soie à petits fuseaux*, les plus débauchées des ouvrières de Paris, forçaient l'apprentie à payer six deniers, « et par ces deniers sont tenus li mestre de fere escrire la convenance[1], et de garder l'escrit devers aus; si que contens[2] est entre les parties, que par ce puisse estre sceue la vérité[3] ».

Pour avoir le droit d'engager un apprenti, il fallait exercer le métier depuis un an et un jour[4]. Mais cela ne suffisait pas, et les jurés, avant de sanctionner le contrat, étaient tenus de prendre des informations sur le compte du patron qui allait assumer cette lourde responsabilité. Ils s'assuraient que celui-ci connais-

---

[1] L'accord entre les parties.
[2] Afin que si discussion.
[3] Titre XXXVI, art. 5.
[4] *Livre des métiers*, titre XXV, art. 2; titre LXXXVII, art. 11, etc. — G. DEPPING, p. 384.

sait assez le métier et que ses affaires étaient assez prospères pour qu'il fût en état de guider utilement un enfant, et de lui donner les soins auxquels il avait droit. Le *Livre des métiers* s'exprime parfois sur ce point avec une charmante naïveté. Nul, disent les boucliers[1] de fer, ne doit avoir apprenti « se il n'est si saige et si riche qu'il le puist aprendre et gouverner [2] ». Les fourreurs de chapeaux veulent que le maître soit « ouvrier souffisant[3] » ; les épingliers, qu'il sache « monstrer le mestier de touz poinz [4]. » Les crépiniers, ancêtres de nos passementiers, recommandent aux jurés « de regarder et savoir si le maistre est souffisant de avoir et de sens, par quoi il puist gouverner et aprendre le aprenti [5]. » Chez les corroiers[6], le maître doit se « faire creable qu'il est souffisant d'avoir et de sens que la condition de l'enfant soit toute sauve », que le père ne sacrifie pas inutilement « son argent et li aprenti son tems[7] ». Le maître la-

[1] Faiseurs de boucles.
[2] Titre XXI, art. 7.
[3] Titre XCIV, art. 6.
[4] Titre LX, art. 14.
[5] Titre XXXVII, art. 4.
[6] Devenus ceinturiers à la fin du siècle.
[7] Titre LXXXVII, art. 10 et 11.

ceur [1] qui était célibataire ou dont la femme ne travaillait point ne pouvait avoir qu'un seul apprenti; « mès si li sire et la feme faisoient le mestier, ils porroient avoir deux aprentis [2] ». On n'accordait aux maîtres maçons qu'un seul apprenti, mais on en permettait deux aux jurés [3], choisis parmi les patrons les plus intelligents et les plus habiles.

Dans quelques communautés, l'apprenti avant d'être admis à l'atelier jurait solennellement de toujours observer les statuts du métier qu'il allait apprendre [4]. C'était peut-être demander beaucoup à un enfant, mais ce serment sacrait le petit personnage membre de la corporation, et nous allons voir que son maître était tenu de le considérer comme tel. On exigeait même plus. Les braaliers [5] veulent que l'apprenti soit « gouverné bien et deument comme fils de preud'omme [6] », c'est-à-dire que le patron devait le traiter comme son

[1] Les *laceurs* faisaient des lacs, des cordons, des rubans. Ils s'appelèrent dans la suite *dorelotiers,* puis *tissutiers-rubaniers.*

[2] *Livre des métiers,* titre XXXIV, art. 3. De même chez les crépiniers.

[3] *Id.,* titre XLVIII, art. 6.

[4] G. Depping, p. 365.

[5] Faiseurs de braies en toile.

[6] *Livre des métiers,* titre XXXIX, art. 4.

propre enfant, lui assurer le logement, l'habil-
lement, la nourriture, être bon et juste avec
lui.

Si le métier était trop pénible, on l'inter-
disait aux femmes[1]. Les peines corporelles,
que l'Université toléra dans les colléges jusqu'à
la fin du dix-huitième siècle, étaient auto-
risées; mais le patron seul pouvait les infliger;
il lui était interdit de laisser sa femme battre
l'apprenti[2].

Le maître prenait l'engagement d'enseigner
le métier à l'enfant, de ne l'envoyer au dehors
que pour servir d'aide à lui ou à un ouvrier.
Et ce n'étaient pas là de vaines promesses. La
condition des apprentis était réglée par les
statuts, qui leur indiquaient à la fois leurs devoirs et leurs droits. Le petit bonhomme savait
donc bien qu'au besoin il trouverait protection
àuprès des jurés. Les drapiers accordaient plus
encore à l'apprenti. Celui qui avait à se plaindre de son maître était autorisé à quitter l'a-
telier, et à venir conter ses doléances au *Maître
des tisserands*, chef particulier à cette corporation. Quand les torts étaient reconnus réels,

---

1 *Livre des métiers*, titre LI, art. 7.
2 Voy. G. FAGNIEZ, *Études sur l'industrie*, p. 69.

celui-ci mandait le patron, et lui enjoignait que « il tiegne l'aprentiz honorablement comme filz de preud'homme, de vestir et de chaucier, de boire et de mangier ». Si le maître n'obéissait pas, on plaçait l'enfant dans une autre maison : « et s'il ne le fait, on querra à l'aprentiz un autre mestre [1] ».

Remarquez que je n'entends pas faire ici l'apologie des corporations, dont je connais très-bien tous les vices, et qui ne furent jamais plus démocratiquement organisées qu'au treizième siècle. Je veux montrer seulement qu'il y a plus de six cents ans, sous Louis le Lion ou saint Louis, les Parisiens jouissaient d'institutions fixes et bien comprises. On en trouverait encore la preuve dans les mesures charitables prises par les communautés, dans les Sociétés de prévoyance qui fonctionnaient déjà.

Chez les boucliers de fer et les corroiers [2], les fils de maître restés orphelins et sans fortune étaient mis en apprentissage aux frais de la corporation [3]. Tout maître sellier et maître

---

[1] *Livre des métiers*, titre L, art. 13.

[2] Faiseurs de courroies. Voy. ci-dessus.

[3] *Livre des métiers*, titre XXI, art. 6, et titre LXXXVII, art. 7.

chapuiseur[1] pouvait avoir, en sus du nombre réglementaire d'apprentis, un apprenti instruit « por Dieu », c'est-à-dire par charité[2]. Les statuts des fourbisseurs interdisent tout colportage dans les rues, sauf aux maîtres trop pauvres pour payer le loyer d'une boutique[3]. Dans la corporation des cuisiniers, un tiers des amendes infligées par les jurés était employé à soutenir les pauvres gens du métier devenus vieux ou tombés dans la misère par suite de mauvaises affaires : « le tiers des amendes... soit pour soustenir les povres vielles gens du mestier qui seront decheuz par fait de marchandise ou de viellece[4] ». Chez les orfévres, une boutique restait ouverte chaque dimanche, à tour de rôle. Le gain fait pendant cette journée était mis de côté, et employé à donner le jour de Pâques un repas aux pauvres malades de l'Hôtel-Dieu[5].

Je pourrais multiplier presque à l'infini ces exemples, surtout si je ne me maintenais pas

---

[1] Les chapuiseurs faisaient la charpente des selles. Ils prirent plus tard le titre d'arçonniers.

[2] *Livre des métiers*, titre LXXVIII, art. 25, et titre LXXIX, art. 8.

[3] G. DEPPING, p. 366.

[4] *Livre des métiers*, titre LXIX, art. 14.

[5] *Id.*, titre XI, art. 8.

dans les limites du treizième siècle, comme j'ai tenu à le faire jusqu'ici. Ainsi, dès 1318, les fourreurs de vair avaient formé, en dehors de toute préoccupation religieuse, une véritable société de secours mutuels destinée à venir en aide à l'ouvrier que la maladie condamnait au chômage. Le 10 février, le prévôt de Paris homologua les statuts de cette société qui ont été retrouvés et publiés par M. G. Fagniez[1]. Les ouvriers qui voulaient participer aux avantages de l'association payaient un droit d'entrée de dix sous six deniers, et versaient une cotisation de un denier par semaine. On cessait d'avoir part à l'assistance quand les versements en retard dépassaient dix deniers. Six personnes, élues chaque année par la communauté, recevaient les cotisations, qui étaient employées exclusivement à secourir les ouvriers malades. On leur fournissait trois sous chaque semaine pendant tout le temps que durait leur incapacité de travailler; trois sous encore pendant la semaine où ils entraient en convalescence; trois sous enfin « pour soy efforcer », pour leur permettre de reprendre des forces, de se rétablir tout à fait. A peu de chose

---

[1] *Études sur l'industrie*, p. 290.

près, c'est encore ainsi que procèdent les sociétés de secours.

Sans abandonner le sujet qui m'occupe, j'arrive maintenant à la cuisine.

Beaucoup de touristes ne quitteraient pas une ville avant d'avoir visité son marché. Ils prétendent qu'une promenade d'un quart d'heure dans ce milieu leur révèle le caractère et les mœurs des habitants, aussi bien que la prospérité plus ou moins grande du pays. Il y avait déjà plusieurs marchés à Paris au quatorzième siècle, et le voyageur qui eût voulu se rendre compte des ressources qu'offrait alors cette ville eût sans doute pris pour but de son examen le marché aux poissons de mer; c'était, en effet, le plus difficile à approvisionner pour une cité située loin des côtes. Eh bien, savez-vous ce qu'il y eût trouvé en 1393, sous le règne désastreux de Charles VI, dit l'Insensé? Il eût pu choisir parmi les poissons suivants :

Saumons.	Plies.
Turbots.	Carrelets.
Barbues.	Maquereaux.
Mulets.	Merlans.
Soles.	Aigrefins.
Limandes.	Esturgeons.

Vives.	Congres.
Anguilles.	Raies.
Sardines.	Morues.
Baleines [1].	Cabillauds.
Homards.	Merluches.
Langoustes.	Rougets.
Moules.	Etc., etc., etc. [2]

Et il existait déjà une recette au moins donnant la manière d'apprêter chacun de ces poissons.

Revenons au treizième siècle.

La ménagère, pour faire ses provisions de la journée, n'avait même pas à sortir de chez elle. Des marchands ambulants, le panier au bras, ou menant par la bride un coursier à longues oreilles, parcouraient la ville en tous sens, remplissant l'air de mélopées bien connues des bourgeoises et des servantes.

---

[1] « La chair n'est rien estimée; mais la langue, pour ce qu'elle est molle et délicieuse, on la sale. Semblablement le lard, qu'on mange en caresme aux pois. » (Amb. PARÉ, OEuvres, édit. de 1607, p. 1065.) Cette graisse, dite craspois ou lard de carême, était pendant les jours maigres la principale nourriture des pauvres gens. (Voy. le Ménagier de Paris, t. II, p. 136 et 200.) La chair restait dure et indigeste, même après vingt-quatre heures de cuisson. (Voy. Ul. ALDROVAND, De piscibus, édit. de 1613, p. 688, et RONDELET, Histoire des poissons, édit. de 1558, t. I, p. 353.) Sur la manière de l'accommoder, voy. BRUYERIN-CHAMPIER, De re cibaria, p. 1101.

[2] Le Ménagier de Paris, t. II, p. 194 et suiv.

Elles pouvaient se procurer ainsi :

Du pain.

Du froment.

Du gruau.

De la farine.

Du lait.

Du beurre.

Des œufs.

Du miel, qui tenait lieu de sucre.

De l'huile de noix.

Du vinaigre.

Du verjus.

Du poivre.

De la viande fraîche.

De la viande salée.

Des oies et des oisons.

Des pigeons.

Des harengs frais et salés.

Des vives.

Des merlans.

Des sardines.

De la baleine.

Des goujons.

Des pois en cosse.

De la purée de pois.

De la sauce à l'ail.

Des navets.

Des fèves.

Des champignons.

Des laitues.

Des oignons.

Des poireaux.

Des vesces.

Des radis.

Du laurier.

De l'ail.

Du persil.

Du cerfeuil.

De la ciboulette.

Des échalotes.

Du pourpier.

Du cresson de fontaine.

Du cresson alénois.

Des poires de caillaux.

Des poires de hâtiveau.

Des poires de Sᵗ-Rieule.

Des poires d'angoisse.

Des pommes de calville.

Des cerises.

Des prunelles.

Des noisettes.

Des cornouilles[1].

Des alises[2].

Des nèfles.

Des noix.

Des cerneaux.

[1] Fruit du cornouiller.

[2] Fruit de l'alisier.

Des châtaignes, qui venaient de Lombardie.

Des figues, qui venaient de Malte.

Des raisins secs, qui venaient de Damas.

Des pâtés.

Des rissoles.

Des flans.

Des tartes.

Des échaudés.

Des oublies.

Du fromage de Brie.

Du fromage de Champagne.

Cette énumération est évidemment fort incomplète, puisque je me borne à citer les produits que mentionné un poëte du treizième siècle dans une pièce de vers intitulée : *les Crieries de Paris*[1]. D'ailleurs, outre les marchands ambulants, de nombreuses boutiques offraient à tous les appétits les produits les plus variés.

La ménagère avait eu la visite de son charbonnier. Elle venait de recevoir son lait, et avait ouvert au porteur d'eau. Celui-ci était arrivé, maintenant en équilibre sur l'épaule gauche la *courge* encore usitée aujourd'hui, aux deux bouts de laquelle se balance un seau. Elle se rendait alors chez le *talemelier* ou boulanger. Là, suivant l'importance de son ménage, elle pouvait acheter soit un *doubleau* de deux

---

[1] Elle a été publiée dans cette collection. Voy. le volume consacré à *l'Annonce et la réclame.*

deniers, soit une *denrée* de un denier, soit une *demie* d'une obole[1]. L'unité type du pain était la *denrée* ou pain d'un denier[2], d'où l'on fit le *doubleau* de deux deniers et la *demie* d'un demi-denier ou obole. Le prix de ces pains ne variait point; mais, sur l'avis des jurés, on diminuait ou l'on augmentait leur dimension, selon que le blé était plus ou moins cher. Les pauvres allaient le dimanche au marché Saint-Christophe sur le parvis Notre-Dame, où l'on mettait en vente les pains défectueux, trop cuits, trop levés, trop compactes ou trop petits, qui pendant la semaine avaient été saisis par les jurés chez les boulangers de la banlieue[3]. Quant à ceux qui étaient confisqués pour les mêmes raisons chez les boulangers de Paris, on les distribuait aux pauvres[4].

Les personnes, fort nombreuses, qui faisaient elles-mêmes leur pain, achetaient du grain chez le *blatier*[5]. S'il leur en fallait plus d'un setier, et si elles n'avaient pas grande confiance dans le marchand, elles appelaient

---

[1] *Livre des métiers*, titre I, art. 32 et 33.
[2] Le denier du treizième siècle valait environ cinquante centimes de notre monnaie.
[3] *Livre des métiers*, titre I, art. 54.
[4] *Id.*, titre I, art. 38.
[5] *Id.*, titre III.

Item En ladicte ville de
paris aura par droit nombre /
Cinquāte et quatte mesureurs
de graine seulemēt, sāce
que aucun autre se puisse entre
mettre de faire ledit office del
dis mesureurs / sur peie damēde
arbitraire.

Item Quant ledit office se
mesurage sera baquant lesdis
preuost des marchans et esche
uine / se donront a bomme qui
par information deuemēt fai-

cte sera trouue estre de bone vie renōmee bōneste cōuersaciō / sāc
au ū blasme ou reprouche habille souffisant a pdoine pour pres /
lui office exercer.

MESUREUR DE GRAINS.

D'après l'ordonnance de 1415, édition imprimée en 1500.

un *mesureur*, fonctionnaire public nommé par la municipalité et assermenté. Moyennant un faible salaire, il intervenait, mesurait le grain, et se portait garant, vis-à-vis de son client, de la qualité fournie et du prix raisonnable que le marchand en demandait[1].

Le grain était ensuite porté chez un des meuniers établis sur le Grand-Pont[2]. Ceux-ci n'exigeaient pas d'argent; ils se payaient en nature, gardaient un boisseau pour chaque setier de blé moulu par eux[3]. Toute maison bien montée avait son four, mais il ne servait encore qu'à cuire de la pâtisserie; pour le pain, il fallait envoyer au four seigneurial. C'est que les Parisiens de cette époque n'étaient pas tous soumis à une même autorité. Les bourgs Saint-Germain, Sainte-Geneviève, Saint-Marcel, la Ville-l'Évêque, le Bourg-l'Abbé, etc., la Cité même, presque entièrement soumise à l'évêque, constituaient autant de principautés enclavées dans le territoire royal, et à bien des égards indépendantes du roi.

---

[1] *Livre des métiers*, titre IV. — Sur l'institution des mesureurs, voy. ci-dessous, p. 217.

[2] Auj. pont au Change.

[3] *Livre des métiers*, titre II, art. 4.

Les personnes qui voulaient de la belle viande se dirigeaient vers notre place du Châtelet actuelle. Là était installée la *Grande boucherie*, dont les étaux se transmettaient toujours dans la même famille, de mâle en mâle, comme la couronne de France. On y trouvait non-seulement du bœuf, du veau, du mouton et du porc, mais aussi des mets faits de viande crue : saucisses, andouilles, boudins, etc. [1].

Les jours de jeûne ou d'abstinence, les boucheries restaient fermées. On se rejetait sur le poisson. Les arrivages de marée fraîche étaient déjà réguliers, grâce aux solides bidets que les *chasse-marée* chassaient devant eux depuis les ports de la Manche jusqu'à Paris.

La pêche dans la Seine et dans la Marne cessait au moment du frai, de la mi-avril à la mi-mai [2]; aussi le poisson d'eau douce abondait-il toujours sur le marché situé derrière le Grand-Châtelet. En outre, défense était faite de mettre en vente des brochets, barbeaux, anguilles, carpes ou tanches valant moins d'un denier; on les jugeait trop petits,

---

[1] « Carnifices vendunt carnes grossas bovinas et ovinas et porcinas... et salsucias, et hillas, et tunseta. » Jean DE GARLANDE, *Dictionarius*, édit. Scheler, p. 26.

[2] *Livre des métiers*, titre C, art. 8.

CHASSE-MARÉE ET POISSONNIER.

D'après l'ordonnance de 1415, édition imprimée en 1500.

PÉCHEUR D'EAU DOUCE.

D'après l'ordonnance de 1415, édition imprimée en 1500.

et le pêcheur qui les trouvait dans son filet devait les rejeter à l'eau[1]. Il était défendu aussi de livrer aucun poisson avant qu'il eût été examiné par les jurés, avant aussi que Jacques, cuisinier du roi, et Jehan Porchier, cuisinier de la reine[2], fussent venus exercer leur droit de prise. Ce droit les autorisait à prélever pour la maison royale tout ce qui pouvait lui être nécessaire, et à le payer suivant l'estimation des jurés[3].

Si la bourgeoise que nous avons laissée en quête de victuailles n'avait pu s'arranger ni avec la corporation des *poissonniers de mer*, ni avec celle des *poissonniers d'eau douce*, il lui restait encore comme ressource les corporations de *pêcheurs*, et la mieux approvisionnée de toutes, celle des *pêcheurs de l'eau du roi*. Qu'était-ce que l'*eau du roi*? J'ai dit que plusieurs seigneurs se partageaient le territoire de Paris. Il en était de même de la Seine. Par suite de donations successives consenties par les souverains, le cours du fleuve dans la traversée de Paris appartenait, par portions inégales, à l'évêque, au chapitre de Notre-Dame, à

---

[1] *Livre des métiers*, titre XCIX, art. 4, et titre C, art. 7.
[2] Voy. la *Taille de 1292*, p. 11 et 26.
[3] *Livre des métiers*, titre C, art. 12 et suiv.

l'abbaye de Saint-Magloire et à celle de Saint-Germain des Prés. On appelait *eau du roi* la partie de la Seine et de la Marne que la couronne n'avait pas aliénée, la seule sur laquelle elle conservât des droits. Pour la Seine, l'eau du roi commençait à la pointe orientale de l'île Notre-Dame[1], et finissait à Villeneuve-Saint-Georges; pour la Marne, elle allait jusqu'à Saint-Maur[2].

Notre ménagère poursuit sa marche. Les *pataiers* ou pâtissiers[3] lui fournissent des pâtés de porc, de volaille et d'anguille, assaisonnés de poivre; des tartes et des flans farcis de fromages mous et d'œufs frais[4]. Elle trouve chez les *poulaillers* des volailles et toute sorte de gibier à plume et à poil. Si elle est pressée, et si, au risque d'avoir moins de choix et de payer un peu plus cher, elle veut faire presque toutes ses acquisitions au même endroit, elle se rendra chez les *regrattiers*, revendeurs uni-

---

[1] C'est-à-dire la partie de l'île Saint-Louis actuelle où se trouve l'église. — L'île Saint-Louis fut formée, vers 1615, par la réunion de deux petites îles, l'île Notre-Dame et l'île aux Vaches.

[2] *Livre des métiers*, titre XCIX, art. 1.

[3] Pastillarii.

[4] « Pastillos de carnibus porcinis et pullinis et anguillis cum pipere, tartas et flatones factos caseis mollibus et ovis sanis. » Jean DE GARLANDE, p. 26.

versels qui sont approvisionnés par les habitants et les couvents de la banlieue. Là, on
lui offrira du pain, du sel, des œufs, du fromage, des légumes, du poisson de mer, de
la volaille et du gibier; des oignons, des aulx
et des échalotes; des fruits, poires, pommes,
raisin, dattes, figues; des épices, cumin, poivre,
réglisse, cannelle, etc.[1]. Pour ces dernières, je
ne saurais trop l'engager à les prendre chez
l'épicier, *apothicarius*, qui les reçoit directe-
ment. D'ailleurs, ses boîtes renferment, outre
le gingembre, les clous de girofle, l'anis, le
sucre et le fenouil, nombre de médicaments
et de substances précieuses; par exemple, du
diaprun et de la gomme adragante qui rafraî-
chissent, et l'ellébore qui facilite la digestion[2].
Il lui restera à entrer chez le *vinaigrier* et chez
le *moutardier;* puis chez l'*huilier,* qui lui pré-
sentera des huiles d'olive, d'amandes, de noix,
de chènevis et de pavot[3]. Avec tout cela, elle
n'a pas encore de gâteaux pour le dessert; mais
les *gasteliers* sont là, ainsi que les *échaudeeurs.*
Et puis, après le souper, si les enfants ont été
sages, on fera monter l'*oublieur,* qui crie sa

---

[1] *Livre des métiers,* titres IX et X.
[2] Jean DE GARLANDE, p. 28.
[3] *Livre des métiers,* titre LXIII, art. 2.

marchandise dans la rue. Sa corbeille, recouverte d'une serviette blanche, est remplie d'oublies, de gaufres et de rissoles. Il a un cornet et des dés; on joue contre lui, et il ne gagne pas toujours [1].

Tout cela se passe un autre jour que le samedi, car ce jour-là point n'est besoin de courir de rue en rue. C'est grand marché aux halles centrales des Champeaux, derrière le cimetière des Innocents [2]; les marchands ont fermé boutique, et sont venus y étaler leurs denrées. La plupart d'entre eux y ont, en lieu fixe, un étal ou un comptoir de six pieds de long; d'autres, les fripiers, les savetiers, etc., font leur étalage par terre. On peut tout examiner à son aise, et comme la lumière est meilleure que dans les boutiques, on risque moins d'être trompé. Au reste, les prix sont les mêmes, bien que le marchand doive payer, pour la location de la place qu'il occupe, le droit dit de *hallage,* que perçoit au nom du roi le *hallier*, représentant du fisc [3].

Ce n'est toutefois pas aux halles qu'il faut aller chercher les boissons, dont je m'aperçois

[1] Jean DE GARLANDE, p. 25.
[2] A peu près l'emplacement actuel des Halles centrales.
[3] Voy. le *Livre des métiers,* passim.

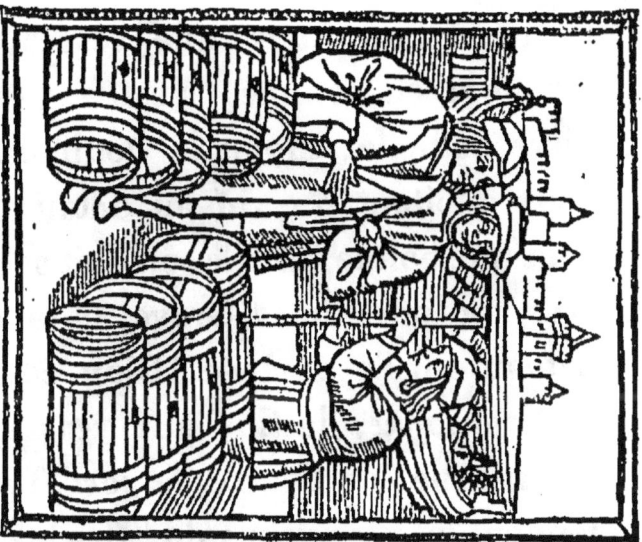

que je n'ai point encore parlé. Les *cervoisiers*
vendent un bon breuvage. Il est fait avec de
l'eau, de l'orge, du méteil et de la *dragée*,
menus grains tels que vesces, lentilles et
avoine[1]; en somme, c'est à peu près notre
bière actuelle, moins le houblon. Les *taverniers* débitent du vin au détail; mais si l'on
veut une bonne futaille, on doit se rendre *à l'é-
tape*, au port de la Grève, et la choisir sur le
bateau qui l'a amenée. D'un côté est le *port
de Bourgogne*, destiné aux vins arrivés de la
Bourgogne; de l'autre, le *port français*, où at-
tendent les vins venus de l'Ile-de-France et de
la Brie. Il y a là en permanence des *jaugeurs*,
confrères des *mesureurs*, et prêts à vous rendre
le même genre de service, à déterminer avec
leur jauge la contenance exacte du tonneau
qu'on vous propose[2].

Tout est prévu déjà pour rendre la vie facile.
L'ouvrier qui n'est pas marié va prendre ses
repas chez les taverniers, d'où descendent nos
marchands de vin actuels. Le bourgeois qui a
donné congé à sa servante, ou à qui arrivent
subitement des hôtes, n'a pas lieu d'être inquiet.

---

[1] *Livre des métiers*, titre VIII, art. 3.
[2] *Id.*, titre VI. Voy. ci-dessous, p. 227.

La boutique des *cuisiniers*, ancêtres de nos traiteurs, est bien garnie; on y trouve une foule
de mets tout préparés, des oies rôties, du bœuf,
du mouton, du porc, du veau, de l'agneau, du
chevreau, apprêtés de mille manières[1].

Je vous dis en passant que si cet honnête
bourgeois veut remplacer sa servante, il n'aura
qu'à s'adresser à l'un des deux bureaux de pla-
cement que tiennent les *commanderesses* ou
recommanderesses. Je lui signale surtout celui
que dirige la dame Ysabel, et qui a donné son
nom à la rue où il est situé[2]. S'il n'y découvre
pas son affaire, qu'il aille un peu plus loin à
l'angle de la Sellerie[3] et de la Bufeterie[4]; un
grand bâtiment s'y élève, l'hostellerie Sainte-
Opportune, occupée par de bonnes Sœurs, les
Catherinettes, qui recueillent les pauvres filles
sans place, les logent et les nourrissent gra-
tuitement jusqu'au jour où elles leur ont trouvé
une condition.

Les ecclésiastiques s'adressent là en toute
confiance, aussi les petits bourgeois soucieux

---

[1] *Livre des métiers*, titre LXIX.
[2] La *rue aux Commanderesses*, devenue rue de la Cou-
tellerie. Voy. la *Taille* de 1292, p. 115.
[3] Auj. rue Saint-Denis.
[4] Auj. rue des Lombards.

d'économiser la minime redevance exigée par dame Ysabel. Il faut tant d'argent pour monter un ménage, même modeste! On n'entre pas chez l'orfévre, non plus chez le *barillier;* cependant un joli baril en bois précieux tiendrait bien sa place sur le buffet. Bah! on se contentera des écuelles et des plats brillants que fournira le *potier d'étain.* Pour le service de chaque jour, on fera une visite au *potier de terre* et à l'*écuelier,* les écuelles et les vases de bois sont encore de tous les plus solides; le roi, tout riche qu'il est, ne dédaigne pas ces humbles artisans, puisqu'il les a exemptés du guet, à condition que chacun d'eux lui offrira tous les ans pour son cellier sept auges de deux pieds de long[1]. Il n'y a pas grand'chose à dépenser chez le *boisselier,* chez le *balancier* et chez le *chaudronnier;* mais une longue station chez le *coutelier* et chez le *fèvre-grossier* (taillandier) est indispensable.

Abandonnons maintenant tout à la fois notre jeune ménage et le treizième siècle, et voyons de quoi se composait au quatorzième le mobilier d'une cuisine bien montée.

Eustache Deschamps, dans son *Miroer du*

---

[1] *Livre des métiers,* titre XLIX, art. 5.

mariaige[1], décrit ainsi poétiquement les objets
qui doivent y prendre place :

> . . . . . . .Et pour les cuisines
> Fault poz, paelles, chauderons,
> Cramaux[2], rostiers, sausserons[3],
> Broches de fer, hastes de fust[4],
> Croches hanes, car ce ne fust
> L'en s'ardist la main à saichier
> La char du pot sanz l'acrochier[5].
> Lardouere fault et cheminons[6],
> Petail[7], mortier, aulx et oignons,
> Estamine[8], paele trouée[9],
> Pour plus tost faire la porée[10],
> Cuilliers grandes, cuilliers petites,
> Cretine[11] pour les leschefrites.
> Aler souvent querir au four,
> Longue pelle fault à retour
> Qui dessoubs le rost sera mise.
> Et si convient, quand je m'advise,
> Pos de terre pour les potaiges.
> Et encor est-ce li usaiges
> D'avoir granz cousteaulx pour les queus[12].

[1] Édit. Crapelet, p. 211.
[2] Crémaillères.
[3] Marmites pour faire les sauces.
[4] Broches de bois.
[5] Crochet ou fourchette à long manche, sans lequel on se
brûle en cherchant à retirer du pot la viande.
[6] Chenets.
[7] Pilon.
[8] Tamis.
[9] Passoire.
[10] La purée.
[11] Ou *crespine*, petits morceaux de lard?
[12] Cuisiniers.

Comme cette description n'est ni complète,
ni très-claire, je vais la refaire en vile prose.

Au fond de l'immense cheminée, où un
homme peut entrer sans se baisser, pend la
crémaillère, qui supporte une marmite de fer
assez grande pour contenir un ou deux seaux
d'eau. Autour d'elle, des mets cuisent dans
d'autres marmites, dans des coquemars ou
dans des chaudrons placés sur des trépieds.
Accrochée sous le manteau, une petite lampe
à fond plat et à bec saillant, dite *chaleil* ou
crasset, mêle à la fumée produite par le bois
ses vapeurs fuligineuses.

Au devant du foyer se dressent les deux
landiers. D'énormes bûches en feu reposent
sur leur queue puissante, qui s'allonge de
chaque côté de la marmite centrale. Leur tige,
haute de plus d'un mètre, se termine en forme
de corbeille, et d'autres mets y cuisent ou s'y
tiennent au chaud. Le long de la tige sont
disposés de nombreux crochets destinés à recevoir l'écumoire, une large cuiller, des pelles,
les *tenailles* ou pincettes, les *roables* qui jouent
le rôle de nos fourgons, la longue fourchette à
deux branches au moyen de laquelle on fouille
dans les pots, et enfin les broches à rôtir. Sous
l'attentive surveillance du rôtisseur ou *hasteur*,

des *happellopins* ou marmitons sont chargés de tourner les broches avec régularité, tandis qu'assis sur un siége élevé, entre le buffet et la cheminée, le maître queux donne ses ordres et surveille l'ensemble du service. Il doit, nous dit Olivier de la Marche, « commander, ordonner et estre obéy, et doit avoir une chaière [1] entre le buffet et la cheminée, pour seoir et soy reposer si besoing est, et doit estre assise icelle chaière en tel lieu qu'il puist veoir et congnoistre tout ce que l'on faict en ladicte cuisine. Et doit avoir en sa main une grande louche de bois qui luy sert à deux fins, l'une pour essayer potaiges et broüets, et l'autre pour chasser les enfans hors de la cuisine [2]. »

Autour de la cheminée on a suspendu le *buffet* ou soufflet [3], dont la forme n'a pas changé depuis le douzième siècle; la salière, petite boîte carrée dont le couvercle retombe de lui-même; des poêles, des grils, des fers à

---

[1] Un siége.

[2] *État de la maison de Charles le Hardy*, édit. MICHAUD, t. III, p. 592.

[3] Le mot *buffet* désignait à la fois l'instrument qui sert à activer le feu et un coup donné de la main sur la joue. A une époque difficile à déterminer, le mot soufflet fut substitué au mot buffet, et fait étrange, avec la double signification de ce dernier. — Dans l'*Inventaire de Charles V* figure un « soufflet » d'or.

gaufres semblables aux nôtres. Nous n'avons rien innové non plus en matière de lèchefrite.

Près d'une longue table appuyée au mur s'alignent quelques *paelles d'airain* ou casseroles, et sur une planche placée au-dessus de la table reposent une foule de petits ustensiles : des tamis, des bluteaux, des mortiers avec leur pilon, des *paelles trouées* ou passoires, des lardoires, des *emiouères* ou râpes à fromage.

L'armoire à épices reste toujours fermée. On y a serré la *cuisine* ou *cuisinière,* boîte à épices divisée en plusieurs compartiments et qui fait partie du couvert.

Le *cholier,* notre pierre d'évier, est entouré de bassins, de jattes, de cruches et de puisettes.

Le *dressoir* [1] ou office, annexe de la cuisine, est contigu à celle-ci. Au Louvre, on voyait dans le dressoir royal neuf tables en pierre de liais, mesurant chacune sept à huit pieds de long [2].

En somme, les cuisines du quatorzième siècle ne différaient guère des nôtres que par la rareté

---

[1] Ce mot avait encore une autre signification, dont je parlerai ailleurs.

[2] Voy. LE ROUX DE LINCY, *Comptes des dépenses faites par Charles V dans le château du Louvre,* p. 28.

des casseroles de cuivre, auxquelles, bien que l'étamage fût déjà connu, on préférait encore les chaudrons et les marmites.

On rencontre souvent dans les inventaires des ustensiles de cuisine en argent, dans celui de Charles V, par exemple [1] :

> Cinq chauderons,
> Une laischefrite,
> Deux paelles à queue,
> Trois potz à saulse,
> Une cuillier percée,
> Un havet [2],
> Deux grils,
> Un trépié,
> Une crameillée [3],
> Une broche à rostir,
> Un instrument à rostir fourmage.

Mais c'étaient là des objets d'art dont on ne se servait guère. Voici, en effet, l'inventaire complet [4] de la cuisine de Jeanne d'Évreux, veuve du roi Charles le Bel [5] :

> 11 grans paelles à bous [6],

---

[1] Édition publiée par J. Labarte.
[2] Croc à suspendre les viandes.
[3] Crémaillère.
[4] Dressé au mois de septembre 1372.
[5] Il a été publié par LEBER, *Pièces relatives à l'histoire de France*, t. XIX, p. 161.
[6] Poêlons ou poêles à queue.

16 paelles à ances,
3 paelles à queue,
4 grils de fer,
8 contrerostiers[1],
3 culiers d'arein[2] percées,
2 culiers de fer percées,
1 musel de buef[3],
4 paelles de fer, mauvaises,
3 pincettes d'arein,
2 paelles de fer,
2 grans chaudières,
4 autres petites chaudières,
12 chauderons, tant grans que moyens,
15 petits chauderons,
1 roable de fer,
2 lèchefrites,
1 trépied de fer,
1 mortier de cuivre et le pilot de fer,
1 tinel [4],
1 escumoire,
1 pot de cuivre.

Jeanne d'Évreux était sans doute friande d'épices, car on trouva dans sa cuisine :

3 balles d'amandes,
6 livres de poivre,

[1] Supports à crochets pour maintenir les broches. Ils s'ajoutaient au landier et le suppléaient au besoin.
[2] D'airain.
[3] Vase muni d'une armature en métal.
[4] Tonneau.

23 livres 1/2 de gingembre,
13 livres 1/2 de cannelle,
5 livres de graine de paradis[1],
3 livres 1/2 de girofle,
1 livre 1/4 de safran,
1/2 livre de poivre long,
1 quarteron 1/2 de massis[2],
1/2 quarteron de fleur de cannelle,
46 livres de ris,
20 livres d'amidon,
3 quarterons d'espit[3],
5 livres de commun[4],
20 livres de sucre, en 4 pains.

Ces épices jouaient, hélas! un grand rôle dans les abominables ragoûts dont se délectaient nos pères. Nous possédons deux livres de cuisine du quatorzième siècle. Le premier, écrit vers 1392, est l'œuvre de Guillaume Tirel, dit Taillevent, cuisinier de Charles V en 1361

[1] C'est la graine de la grande cardamome. Pomet dit qu'elle avait été appelée ainsi « tant à cause de la beauté de son fruit qu'à cause de sa bonne odeur ». (*Histoire des drogues*, 1re partie, p. 40.) On l'employait dans la fabrication de certaines liqueurs de table.

[2] Peut-être faut-il lire *mastic*. On nommait ainsi une substance résineuse qui découle d'une espèce de pistachier ; le plus estimé était celui de Chio.

[3] Ou *aspic*, nom vulgaire de la grande lavande. Pomet le recommande comme apéritif et digestif.

[4] Cumin.

et écuyer de cuisine de Charles VI en 1386[1]. Le second, composé vers 1393 par un riche bourgeois pour l'instruction de sa jeune femme, a été publié en 1846[2]. La lecture de ces deux ouvrages prouve bien que si nos aïeux étaient grands mangeurs, ce qui ne saurait être contesté, ils n'entendaient rien aux raffinements de l'art culinaire. Ils aimaient à voir paraître sur la table d'immenses plats chargés de piles de viandes, de poissons, de légumes, à associer ces éléments disparates. Au lieu de présenter séparément, comme aujourd'hui, chacun des mets qui composent un service, on en rassemblait plusieurs dans un seul plat qui prenait le nom de *mets*. Ainsi, tous les rôtis superposés constituaient un seul mets, dont les sauces

[1] *Ci après s'en suyt le viandier pour appareiller toutes manières de viandes, que Taillevent, queulx du roi nostre sire, fit, tant pour appareiller bouilly, rousty, poissons de mer et d'eaue doulce, saulces, espices et aultres choses à ce convenables et necessaires, comme cy après sera dit.* Cet ouvrage est d'une extrême rareté, bien qu'il ait été souvent réimprimé depuis le quinzième siècle. Voy. un article de M. le baron J. PICHON, dans le *Bulletin du bibliophile*, année 1843, p. 253.

[2] Par M. le baron J. PICHON, sous ce titre : *Le Ménagier de Paris, traité de morale et d'économie domestique composé vers 1393 par un bourgeois parisien, contenant des préceptes moraux, quelques faits historiques, des instructions sur l'art de diriger une maison,* etc.

fort variées étaient offertes à part[1]. On n'hésitait même pas à accumuler tout le repas
dans un unique vaisseau, et ce plat, affreux
salmigondis, s'appelait aussi un mets. Au
moyen âge, *mets* est donc souvent synonyme
de notre mot *service*[2].

Voici, d'après le *Ménagier de Paris*[3], le menu
d'un dîner à quatre services. Il est clair qu'ici
les plats compris dans chaque mets n'ont pu
être tous réunis.

[1] Je reviendrai sur tout ceci dans la notice consacrée aux
Repas.

[2] On trouve parfois chaque service désigné sous le nom
d'*assiette*, et alors le mot *mets* est pris dans son sens actuel.
Un dîner de vingt-quatre mets à six assiettes était un repas
de six services, dont chacun se composait de quatre mets
différents réunis dans le même plat. (Voy. le *Ménagier de
Paris*, t. II, p. 91 et suiv.) L'ordonnance somptuaire rendue
par Philippe le Bel en 1294 donne également au mot *mets*
la signification qu'il a aujourd'hui; mais le roi tient à s'en
expliquer. Il règle ainsi le maximum du menu pour chaque
famille :

Au grand mangier : 2 mès et 1 potage au lard.
Au petit mangier : 1 mès et 1 entremès.
Aux jours de jeûne : 2 potages aux harens et 2 mès,
—   —   ou 3 mès et 1 potage.

Et il a soin d'ajouter : « Et ne mettra en une escuelle que
une manière de char (*chair*), une pièce tant seulement ou
une manière de poisson. Et sera comptée toute grosse char
pour mès. Et n'entendons pas que fromage soit mès, se il
n'est en paste ou cuit en eau. » (*Ordonnances royales*, t. I,
p. 542.)

[3] Tome II, p. 97.

PREMIER METS. — Pastés de beuf et roissoles[1];
porée noire; un gravé de lamproies; un brouet
d'Alemaigne[2] de char[3], un brouet georgié de
char; une sausse blanche de poisson; une arbou-
lastre.

SECOND METS. — Rost de char; poisson de mer;
poisson doulx[4]; une cretonnée de char; raniolles;
un rosé de lapereaulx et d'oiselets; bourrées à la
sausse chaude; tourtes pisaines.

TIERS METS. — Tanches aux souppes[5]; blanc
mangier; lait lardé[6] et croittes[7]; queues de sanglier à la sausse chaude; chapons à la dodine;
pastés de bresme et de saumon; plais[8] en l'eau;
leschefrites[9] et darioles[10].

QUART METS. — Fromentée[11]; venoison; do-
reures; rost de poisson; froide sauge; anguilles
renversées; gelée de poisson; pastés de chappons.

Rien n'empêcherait d'offrir aujourd'hui un
repas de ce genre, l'auteur ayant précieuse-

[1] Rissoles.
[2] Voy. ci-dessous, p. 50.
[3] De chair, de viande.
[4] Poisson d'eau douce.
[5] Au pain. On appelait *soupes* les tranches de pain destinées à être trempées dans du bouillon, dans du vin, dans
une sauce.
[6] Mélange de lait, d'œufs et de lard frits ensemble.
[7] Croûtes au lait.
[8] Plies.
[9] Nommées aussi *leschefrays* et *leschefroies*.
[10] Tartelettes faites tantôt à la crème, tantôt au fromage.
[11] Émulsion de froment.

ment enregistré la manière de préparer la plupart des plats qui le composent. Toutefois, je ne saurais sans cruauté y engager personne, car la lecture de ces recettes fait dresser les cheveux sur la tête. En cet ordre d'idées, les progrès furent bien lents. Disons-le tout de suite, non sans orgueil, l'art culinaire est une conquête des temps modernes, et celle-là a le mérite de n'avoir pas coûté une goutte de sang, de sang humain au moins. Pourtant, comme tous les goûts sont dans la nature, je copie la recette du brouet d'Allemagne : « Prenez œufs en huille ; puis prenez amandes et les pelez, broyez et coulez ; mincez oignons par rouelles, et soient cuis en eaue, puis frits en huille, et faites tout boulir ; puis broyez gimgembre, canelle, girofle et un peu de saffran deffait[1] de verjus ; enfin mettez vos espices au potage, et bouillir en un bouillon, et soit bien liant et non trop jaune[2]. »

Les recettes fournies par Taillevent sont un peu plus faciles à exécuter, mais donnent des résultats aussi lamentables. J'en puis parler avec connaissance de cause. Pour prouver à mes lecteurs que je ne recule devant aucun sa-

[1] Mouillé.
[2] *Ménagier de Paris*, t. II, p. 172.

crifice quand il s'agit de remplir vis-à-vis d'eux
mes devoirs d'historien impartial et fidèle, j'ai
commandé à ma cuisinière un canard à la dodine rouge et une galimafrée. Notez que le
canard était né chez moi, et que, voué dès son
enfance à cette expérience scientifique, je l'a-
vais nourri délicatement, espérant qu'un jour
il me rendrait la pareille. Son ingratitude
dépassa toutes mes prévisions. Mais, comme je
ne lui avais pas donné le choix de la sauce à
laquelle il devait être mangé, je ne lui ai pas
gardé rancune. En revanche, j'ai conservé une
dent contre Taillevent, et il m'est pénible de
penser qu'un roi aussi accompli que Charles V
était condamné à une semblable cuisine. Je
puis maintenant présenter sans scrupules à
mes lecteurs les deux recettes qui m'ont si
mal réussi. S'ils en sont les victimes, ce ne sera
pas faute d'avoir été prévenus.

Canard à la dodine rouge. — Prenez du pain
blanc, et le faictes rostir bien roux sur le gril. Et
le mettez tremper en un vin fort vermeil. Puis
faictes frire des oygnons en sain de lard [1]. Passez
vostre pain par l'estamine. Puis, pour espices,
cannelle, muscades, clous de girofle, sucre et

---

[1] Graisse, saindoux.

goustes de sel. Faictes tout bouillir ensemble avec la gresse de vostre canart, et quant sera cuict, jettez sur vostre canart[1].

Galimafrée. — Prenez un gigot de mouton cuict fraichement, et le hachez le plus menu que pourrez en ung plat d'ongnons[2]. Mettez le tout estuver avec peu de verjus, du beurre, et pouldre blanche[3], le tout ensemble et assaisonné de sel.

Autre galimafrée. — Soient prinses poulaille ou chappons et taillés par pièces, et après fris en saing de lard ou d'oye. Et quant sera bien frit, y soit mis vin et verjus, et pour espices pouldre de gingembre, et sel par raison.

Le riche bourgeois à qui nous devons le *Ménagier de Paris* avait plusieurs *domestiques;* lui-même désigne par cette expression ses gens de service[4]. A leur tête figurait *maistre Jehan le despensier,* maître d'hôtel ou intendant[5]. *Agnès la Béguine*[6], placée auprès de la jeune femme à la fois comme gouvernante et

---

[1] Il faut admettre que ledit canard a été rôti auparavant.

[2] Oignons.

[3] Poudre de gingembre blanc.

[4] Tome II, p. 56.

[5] Tome II, p. 54 et 64.

[6] Au moyen âge, on donnait parfois ce nom à des femmes qui, sans faire de vœux, sans même s'interdire le mariage, vivaient dans une sorte de régularité monastique. Les *Tailles* de 1292 et de 1313 citent un certain nombre de béguins et de béguines.

comme dame de compagnie, lui servait d'in-
termédiaire vis-à-vis des *chamberières* et des
varlets.

Tous ces gens étaient bien traités. Avant de
les engager, on avait soin de prendre sur eux
des renseignements auprès des maîtres qu'ils
quittaient : « Ne prenez aucunes (chamberières) que vous ne sachiez avant où elles ont
demouré, et y envoiez de vos gens pour en-
quérir de leurs conditions sur le trop parler,
sur le trop boire; combien de temps elles ont
demouré; quel service elles faisoient et scèvent
faire; se elles ont chambres ou acointances en
ville; de quel païs et gens elles sont ; combien
elles y demourèrent et pourquoy elles s'en par-
tirent. Et sachiez que communément telles
femmes d'estrange païs ont esté blasmées
d'aucun vice en leur païs, car c'est la cause
qui les ameine à servir hors de leur lieu. » Il
faut que Jehan le dépensier note sur son
livre tout ce qui concerne chaque cham-
brière acceptée par la maison : « Faictes luy
enregistrer en son papier de la despense [1] le
jour que vous la retiendrez, son nom, et de son
père et de sa mère, et d'aucuns de ses parents;

---

[1] Sur son livre de dépense.

le lieu de leur demourance, le lieu de leur na-
tivité, et ses pleiges[1] ; car elles en craindront
plus à faillir, pour ce qu'elles considéreront
bien que vous enregistrez ces choses pour ce
que s'elles se deffuioient de vous [2] sans congié,
ou qu'elles feissent aucune offense, que vous
en plaindriez ou rescririez à la justice de leur
païs ou à iceulx leurs amis[3]. » Est-il possible
de mieux dire? Et ces conseils donnés à une
bourgeoise du quatorzième siècle ne sont-ils
pas exactement ceux que l'on donnerait à une
bourgeoise du dix-neuvième ?

Notre sage mentor poursuit : Il faut sans
cesse veiller sur vos gens, les endoctriner et
les corriger, les empêcher de se quereller, de
mentir, de jurer, de dire de vilaines paroles.
Les domestiques dînent après leurs maîtres.
Un seul plat leur suffit, pourvu qu'il soit co-
pieux et nourrissant. Veillez à ce qu'ils ne
restent pas trop longtemps à table, à ce qu'ils
n'y discourent pas, « car les communes gens
dient : *Quant varlet presche à table et cheval*
paist en gué, il est tems qu'on l'en oste, que assez
y a esté. »

[1] Répondants.
[2] Si elles vous quittaient.
[3] *Ménagier de Paris*, t. II, p. 57 et 58.

Lorsque « le feu des cheminées sera couvert partout », vos gens se retireront pour se
coucher. Qu'ils aient chacun sa chandelle dans
un chandelier solide et à large pied, qu'ils la
déposent au milieu de la pièce, qu'ils l'éteignent
« à la bouche ou à la main » avant de se mettre
au lit, et non pas au moment où ils enlèvent
leur chemise [1].

Si vos chamberières sont jeunes, ne les
laissez pas coucher loin de vous. « Se vous
avez filles ou chamberières de quinze à vint
ans, pour ce que en tel aage elles sont sottes
et n'ont guère vu du siècle [2], que vous les fa-
ciez coucher près de vous en garderobe ou
chambre où il n'ait lucarne ne fenestre basse,
ne sur rue. » Enfin, si un de vos serviteurs
tombe malade, « toutes choses communes
mises arrière, vous mesme pensez de luy très-
amoureusement [3] et charitablement, et le re-
visitez, et pensez de luy ou d'elle très-curieu-
sement en avançant sa garison [4] ». Ces

[1] « Sagement de l'estaindre à la bouche ou à la main
avant qu'ils entrent en leur lit, et non mie à la chemise. »
On couchait encore sans chemise, mais on ne l'ôtait qu'une
fois entré dans le lit, et on la plaçait, avec les braies, sous
le traversin.

[2] Et n'ont guère vu le monde.

[3] Affectueusement.

[4] *Ménagier de Paris*, t. II, p. 71.

marques de sollicitude recommandées dans un traité d'éducation à une jeune femme faisant partie de la riche bourgeoisie méritaient d'être relevées. Elles prouvent que, comme les apprentis, les domestiques étaient déjà traités avec douceur.

A la cour, les gens de service chargés de préparer les repas du souverain constituaient, dès le treizième siècle, un personnel assez considérable. Il se divisait en quatre départements : la *paneterie*, l'*échansonnerie*, la *cuisine* et la *fruiterie*, dont les attributions furent définies par un grand nombre d'ordonnances. La plus ancienne que l'on connaisse date de 1261 ; elle a été publiée par du Cange dans ses notes sur Joinville, et complétée par M. Douët-d'Arcq d'après plusieurs manuscrits[1]. Mais elle présente encore plus de lacunes que celle qui fut rendue en 1285, dernière année du règne de Philippe le Hardi[2]. Nous y voyons que l'*hostel* du roi était ainsi composé :

PANETERIE.

2 *panetiers.*

---

[1] Voy. *Comptes de l'hôtel des rois de France*, Paris, 1865, in-8°.

[2] *Ordenance de l'hostel le Roy et la Reine*, publiée par LEBER, *Pièces relatives à l'histoire de France*, t. XIX, p. 11.

2 *sommeliers*. A cette époque, leur principale fonction était de recevoir le vin qu'apportaient les *sommiers* ou bêtes de somme ; mais
on donnait aussi ce nom à tous les, officiers
chargés de veiller sur une partie du mobilier
royal[1]. Un peu plus tard, tout porteur de fardeau est un sommelier[2]. Sous Louis XIV, on
appelle ainsi à la cour l'officier préposé au
transport des bagages quand la cour se dé-
place ; chez un grand seigneur, c'est l'officier
qui met le couvert, et apprête le vin et le dessert.

3 *porte-chapes*. Suivant du Cange[3], ils au-
raient eu la surveillance des coffres qui conte-
naient le pain. D'après un passage du *Ménagier de Paris*[4], ils chapelaient le pain, faisaient
les tranchoirs[5] et les salières de pain[6], mettaient une partie du couvert, etc.

1 *oubloier*, faiseur d'oublies.

---

1 Voy. le *Glossaire* de DU CANGE, au mot *Sagma*.

2 Le *sommier* était en général un cheval de charge ; le
fardeau qu'il portait était dit *somme* ou *sommée*, et tout ba-
gage *sommaïge*.

3 Au mot *Capiger*.

4 Tome II, p. 114.

5 Morceau de pain coupé en rond et qui servait d'assiette
pour manger les aliments solides.

6 Dans les ménages bourgeois, la salière n'était en général
qu'un morceau de pain creusé.

1 *pastour*, faiseur de pâtés.

1 *charretier*.

ÉCHANSONNERIE.

4 *échansons*.

2 *barilliers*, à qui incombait le soin des caves et des tonneaux.

2 *bouteillers*, chargés de préparer les boissons.

1 *potier*.

1 *clerc de l'échansonnerie*, chargé d'écrire la dépense et de tenir les comptes.

CUISINE.

1 *premier keu* ou cuisinier. A ses importantes fonctions étaient attachées quelques curieuses prérogatives. Nous avons vu [1] que les jurés des poissonniers devaient fixer la valeur du poisson prélevé, en vertu du droit de prise, pour l'usage de la maison royale. Le premier keu, chargé d'en faire le choix au marché, nommait ces jurés, et ceux-ci prêtaient entre ses mains le serment de « bien et loiaument » procéder à l'estimation du poisson, sans favoriser ni le roi, ni les marchands [2]. Le premier

---

[1] Ci-dessus, p. 31.
[2] *Livre des métiers*, titre C, art. 15.

cuisinier avait aussi la garde de l'étalon destiné à contrôler les filets des pêcheurs de l'eau
du roi, et il devait les saisir s'il y trouvait des
mailles trop étroites[1]. Depuis Pâques jusqu'à
la Saint-Remi (1er octobre), il fallait qu'un
gros tournois posé à plat sur chaque maille pût
aisément passer à travers. De la Saint-Remi à
Pâques, on ne tolérait plus que la largeur d'un
gros parisis[2].

4 *keus*.

4 *aides de cuisine*.

4 *hâteurs* ou rôtisseurs.

4 *pages*.

2 *souffleurs*, dont l'un avait soin des chaudrons.

4 *enfans de cuisine* ou marmitons.

3 *sauciers*.

1 *garde-manger*.

2 *sommeliers*.

1 *poulailler*, pour la volaille.

2 *huissiers*.

---

[1] *Livre des métiers*, titre XCIX, art. 5.

[2] Voy. les *Ordonnances royales*, t. I, p. 792, et DELA-
MARRE, *Traité de la police*, t. III, p. 296, qui donne la dimension du gros tournois et du parisis.

FRUITERIE [1].

1 *fruitier* [2].

3 *valets fruitiers* [3].

Outre leurs gages, tous ces serviteurs avaient *bouche à cour*, ce qui signifie qu'ils étaient nourris aux frais du roi. C'était un privilége fort envié et qui donnait lieu à bien des abus. Une ordonnance de 1290 veut que toutes les personnes n'ayant pas bouche à cour quittent le palais à l'heure des repas, sur le signal donné par un officier, qui crie : *Aus Keus !* « Et tantost comme l'on aura crié : *Aus Keus !* li pòrtiers feront vuidier la court de toute manière de gent estrange [4], et chercheront par chambres et jardins et par preaus, que gens n'i demeurent qui n'i doivent de droit menger en l'ostel. Et que nus [5] ne passe la porte qui emporte ne pain,

---

[1] La fruiterie devait veiller aux approvisionnements en fruits, chandelles et bougies. Voy. DU CANGE, au mot *Fructuarius.*

[2] En 1292, le « fruitier le Roy » se nommait Girart et demeurait rue de la Petite-Bouclerie. En 1313, il se nommait Rogier de Clichi et demeurait rue Saint-Martin. Voy. la *Taille* de 1292, p. 84, et la *Taille* de 1313, p. 87.

[3] En 1292, un d'eux, « Jehan, vallet du fruit », demeurait « carrefour Guillorille » (ou Guilleri, supprimé en 1855). Voy. la *Taille* de 1292, p. 116.

[4] De gens étrangers à la cour.

[5] Et que personne.

ne vin, ne viande, ne autre chose de quoy li roi et madame la reine soient damagiez[1]. » La dépense faite à la cour pour la nourriture n'en était pas moins fort considérable. En 1393, la maison du roi consommait :

Par semaine :   120 moutons.
                 16 bœufs.
                 16 veaux.
                 12 porcs.
Par jour : . .   600 poulailles.
                 400 pigeons.
                 50 chevreaux.
                 50 oisons.

Et la maison de la reine :

Par semaine :   80 moutons.
                 12 bœufs.
                 12 veaux.
Par jour : . .   300 poulailles.
                 36 chevreaux.
                 300 pigeons.
                 36 oisons[2].

Au commencement du règne de Charles VI,

[1] Qui leur cause dommage. — Voy. DOUET-D'ARCQ, Comptes de l'hôtel, p. XII.
[2] Ménagier de Paris, t. II, p. 85.

le service du roi avait été déjà très-augmenté. Il comprenait[1] :

PANETERIE.

1 *premier panetier.*
6 *panetiers.*
1 *premier varlet tranchant.*
5 *varlets tranchants.*
3 *clercs.*
3 *sommeliers.*
3 *portechappes.*
5 *aides ou varlets de nappes.*
1 *oubloier.*
1 *baschonier* ou *bachouer*, qui avait pour office de mener les chevaux chargés de pain[2].
1 *lavendier*, pour laver les nappes.

ÉCHANSONNERIE.

1 *premier échanson.*
8 *échansons.*
4 *clercs.*
7 *sommeliers.*
3 *barilliers.*

[1] Extrait des *Mémoriaux de la chambre des comptes pour* 1386, publié par GODEFROY, à la suite de son édition de l'*Histoire de Charles VII* de Juvénal des Ursins, p. 708.
[2] Voy. DU CANGE, *Glossaire*, au mot *Bacholata*.

3 *garde-huche.*

10 *aides.*

1 *huissier.*

1 *voiturier.*

CUISINE.

11 *écuyers de cuisine*[1].

1 *premier queu* ou cuisinier.

5 *queux.*

3 *clercs.*

3 *aides.*

7 *hâteurs.*

4 *potagiers*[2].

5 *souffleurs.*

2 *bûchers.*

6 *enfans de cuisine.*

2 *huissiers.*

1 *broyeur au mortier.*

4 *porteurs d'eau.*

1 *poissonnier.*

1 *furretier,* qui peut-être faisait la chasse aux lapins avec un furet.

7 *varlets servants de l'escuelle.*

---

[1] Parmi eux figure Guillaume Tirel dit Taillevent, dont j'ai parlé plus haut.

[2] Du Cange nous a conservé le nom de Robert Touchet, qui fut potagier de Louis XI et premier queu de Louis XII. Voy. *Glossarium,* au mot *Potagiarius.*

2 *sausseurs* ou sauciers.

4 *varlets de sausserie.*

2 *varlets de chaudière.*

1 *voiturier.*

1 *recueilleur d'escuelles.*

1 *garde de sausserie.*

FRUITERIE.

1 *premier fruitier.*

5 *fruitiers.*

3 *clercs.*

3 *sommeliers.*

2 *chauffe-cire* [1].

1 *garde de fruits.*

---

[1] Sans doute pour le service de l'éclairage. Voy. DU CANGE, aux mots *Fructuarius* et *Calefactor ceræ.*

II

LE SEIZIÈME SIÈCLE.

Le seizième siècle a eu, plus qu'aucun autre peut-être, des apologistes et des détracteurs. Sans prendre parti ni pour les uns ni pour les autres, je me permettrai de faire remarquer que l'étude de sa cuisine ne réconciliera pas avec lui ses adversaires. Je sais bien qu'on peut l'envisager à d'autres points de vue, mais celui-ci me suffit aujourd'hui, et je constate que pendant cette période dite de renaissance, la cuisine, qui est à la fois un art et une science[1], resta à peu près stationnaire. Un siècle qui remit la Bible en honneur eût pourtant dû se souvenir que Dieu avait seulement condamné l'homme à manger son pain à la sueur de son visage. Y ajouter des sauces telles que celles créées par le *Ménagier* et par

---

[1] « La science de gueule », disait brutalement MONTAIGNE, *Essais*, liv. I, chap. LI.

Taillevent, c'est aggraver à plaisir la sentence du souverain juge.

François Ier et Henri II, magnifiques en tout, ne lésinaient pas avec leur maître d'hôtel. Mais ceci n'importe guère. Les temps n'étaient point venus. Seul, un gourmet pouvait régénérer la cuisine française, et tout le monde sait que François Ier et Henri II préféraient un autre genre de distractions.

Cependant, même à la chasse, même en campagne, en quelque lieu que l'on se trouvât, on dressait la table du roi, celles du grand maître, du grand chambellan, des chambellans, des gentilshommes servants, des valets de chambre, « et tant d'autres, très-bien servies, que rien n'y manquoit[1] ». Le maréchal de Saint-André était renommé « pour ses grandz luxes de table, friandises et délicatesses de viandes, tant de chairs que poissons, et autres friandz mangers[2] ». Le connétable de Montmorency, bien qu'il ne soupât pas le vendredi, et qu'il jeûnât presque tous les soirs[3], n'en traitait pas moins somptueusement ses hôtes. Charles-Quint, traversant la France, alla un jour lui demander à

---

[1] BRANTOME, édit. LALANNE, t. III, p. 120 et 122.
[2] Id., t. V, p. 30.
[3] Id., t. III, p. 348.

dîner à l'improviste, et arriva chez lui au moment où l'on se mettait à table; « il la trouva aussi bien pourvue et chargée de vivres, et aussi bien apprestez et assaisonnez que s'ils fussent esté dans Paris ou dans une autre bonne ville de France : dont l'empereur s'estonna si fort qu'il dict qu'il n'y avoit telle grandeur au monde[1] ». Croyez qu'il n'en pensait rien, ayant à ce moment bien d'autres soucis en tête. Mais, pendant ce voyage, Charles-Quint se moqua de tout le monde, à commencer par le roi, dont il connaissait la folle vanité. De fait, quand on lui rapporta le propos de Charles-Quint, « il en eust, dit Brantôme, une joie extrême »..

On mangeait alors à peu près tout ce que nous mangeons aujourd'hui, et pas mal d'autres choses. Mais nous savons ce qu'il faut penser des « friandises et délicatesses de viandes » que célèbre Brantôme. La *Fleur de toute cuisine,* par Pierre Pidoux, imprimée en 1540; le *Livre fort excellent de cuisine,* publié à Lyon en 1542, puis réimprimé à Paris vers 1570 sous ce titre : *le Grand Cuisinier de toute cuisine,* nous fournissent des recettes tout juste aussi appétis-

---

[1] BRANTOME, t. III, p. 121.

santes que celles de Taillevent ou du *Ménagier*. Passons vite, et ouvrons Rabelais, qui nous a transmis une longue nomenclature des mets que préféraient ses contemporains [1]. Je vais reproduire cette liste, en ayant soin de la compléter par des notes d'autant plus indispensables que les commentateurs du *Pantagruel* ont jusqu'ici regardé ce sujet comme indigne de leur érudition.

SOUPES.

Grasses soupes de prime [2].   Soupes de laurier [4].
Soupes lionnoises [3].   Mil [5].

HORS-D'OEUVRE ET POISSONS SALÉS.

Beurre frais.   Olives colymbades [6].

---

[1] *Pantagruel,* liv. IV, ch. LIX et LX.

[2] Soupe du matin. *Potatio matutina,* dit DU CANGE, au mot *Sopa.*

[3] Rabelais les mentionne encore liv. V, ch. XVII. C'étaient des soupes à l'oignon et au fromage.

[4] Quelques éditeurs ont lu *soupes de lévrier,* ce qui ferait croire à une soupe composée de pain et de graisse, comme celle que l'on donne aux chiens. Il s'agit plutôt d'une soupe maigre aux feuilles de laurier.

[5] Sans doute bouillie de maïs.

[6] Olives conservées dans la saumure. Voy. PLINE, *Hist. nat.,* lib. XV, cap. VI.

Caviat [1].	Tonnine [3].
Boutargues [2].	Stocficz [4].

VOLAILLE.

Chappons [5] routiz avec leur degout [6].	Poulletz.
Huteaudeaux [7].	Coqs, poulles et poulletz d'Inde [8].
Poulles.	

[1] Caviar. OEufs d'esturgeons salés. — SAVARY (*Dictionnaire du commerce*, au mot *Kavia*) écrivait en 1741 : « On commence à le connoitre en France, où il n'est pas méprisé sur les meilleures tables. » Rabelais nous montre qu'il y était connu deux cents ans auparavant.

[2] Sorte de caviar fait avec des œufs de mulet. Comme le précédent, il était fort recherché des ivrognes, parce qu'il excitait la soif. Voy. GONTIER, *Exercitationes hygiasticæ*, p. 239.

[3] Thon vidé, dépecé, rôti ou frit dans l'huile d'olive, puis salé et assaisonné de fortes épices. Voy. POMET, *Histoire des drogues*, 2e partie, p. 90.

[4] Morue salée et durcie. « Quant l'on veult garder la morue dix ou douze ans, l'on l'effondre, et luy oste la teste, et est seichée à l'air et au soleil, et non mie au feu ou à la fumée. Et ce fait est nommée *stofix*. » (*Menagier*, t. II, p. 195.) — On doit écrire *stockfish*.

[5] La castration des poulets était déjà bien connue. BRUYERIN CHAMPIER écrivait en 1560 : « Matresfamilias apud nos gallos castrant, eximentes testiculum utrumque. » *De re cibaria*, p. 773.

[6] Jus que rendent les viandes en cuisant.

[7] Très-jeunes chapons, ou poulets assez gros pour être chaponnés. On trouve ce mot écrit : *hetoudeaux*, *estudeaux*, *hestoudeaux*, *estourdeaux*, etc.

[8] DELAMARRE raconte que Jacques Cœur, disgracié en 1450, se retira en Turquie, d'où il rapporta une foule de curiosités, des dindons entre autres, qu'il élevait dans son châ-

Canards à la dodine[1].   Pigeons.

Becars[2].   Pigeonneaux.

Tadournes[3].   Pans[4].

Oyes.   Panneaux.

Oysons.

teau de Beaumont en Gâtinais. (*Traité de la police*, t. II,
p. 1376.) Cependant Br. Champier, dans son chapitre *De
gallinis indicis*, écrit vers 1560, présente l'apparition du
dindon comme encore récente : « Venere in Gallias annos
ab hinc paucos aves quædam externæ quas gallinas indicas
appellant. » (Page 831.) — P. Belon, dans ses *Portraits
d'oyseaux* (1557, in-4°, p. 60), donne le premier une re-
présentation du coq d'Inde, qu'il compare au paon pour le
plumage. (Voy. aussi sa *Nature des oyseaux*, p. 249.) Castellanus le nomme *pavogallus*. (*De carnium esu*, p. 219.)
— La pintade fut introduite en France vers la même époque. Belon, qui la nomme *gallina Africana et Numidica*,
dit que les premières avaient été importées par des marchands venus de la Guinée, et il ajoute : « Elles sont jà
fréquentes es maisons de grands seigneurs en noz contrées. »
(*Nature*, etc., p. 246.)

[1] Voy. ci-dessus, p. 51.

[2] Nom vulgaire du grand harle, espèce de fort canard.

[3] Sorte de cane.

[4] Comme le cygne, le paon ne figurait guère que dans les
festins d'apparat, et il devait cet honneur plus encore à la
beauté de son plumage qu'à la qualité de sa chair. (Castellanus, p. 237.) Aussi sa cuisson était-elle l'objet de soins
particuliers : « Au lieu de les plumer, on les écorche proprement, en sorte que toutes les plumes restent à la peau.
On leur coupe les pieds, et on leur enveloppe la tête avec
un linge blanc. En cet état, on les met à la broche ; et pendant qu'ils cuisent, l'on arrose souvent d'eau fraîche ce
linge, pour conserver la tête dans son état naturel. Et après
qu'ils sont cuits, avant que de les servir, on les couvre de
leur peau où tiennent leurs plumes, et on y ajoute leurs

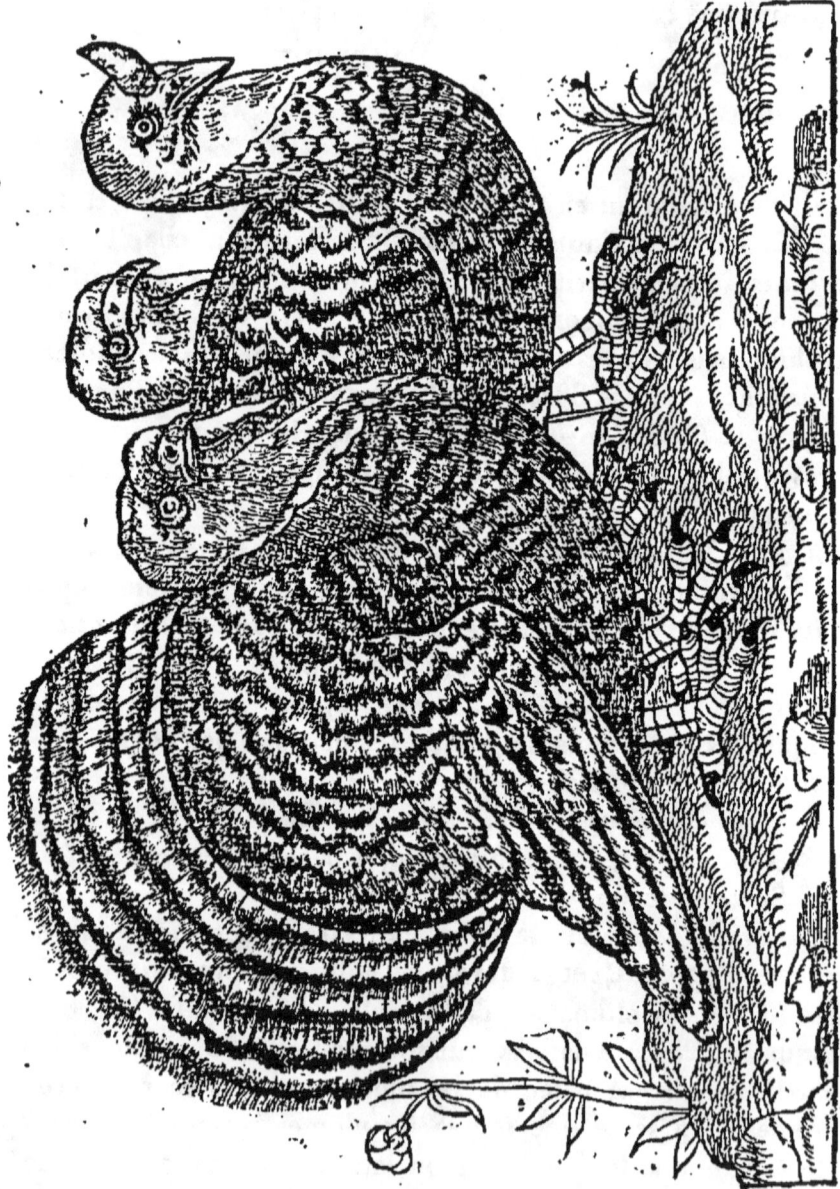

DINDONS. — D'après P. Belon. (Seizième siècle.)

GIBIER[1] A PLUMES

Ciguoignes[2].	Heronneaux[4].
Ciguoineaux.	Aigrettes[5].
Herons[3].	Cygnes[6].

pieds. » — Olivier de Serres les regardait comme un mets exquis : « C'est le roy de la volaille terrestre, comme la primauté de l'aquatique est deue aux cygnes... quelle plus exquise chair pouvez-vous manger? » (*Théâtre d'agriculture*, p. 331.)

[1] Nos pères, qui mangeaient des hérons, des cygnes, des cigognes et des cormorans, n'osaient toucher au gibier lorsqu'il était jeune ; ils regardaient comme indigeste et malsaine cette chair peu faite. Au seizième siècle, ce préjugé avait disparu, et Henri Estienne, vers 1560, raillait les gens qui y étaient restés fidèles : « Nos ancestres, dit-il, mangeoient les perdrix et laissoient les perdreaux, mangeoient les lièvres et ne touchoient aux levraux. » (*Apologie pour Hérodote*, ch. xxviii, édit. RISTELHUBER, t. II, p. 128.)

[2] Leur chair passait pour fort délicate. « Les cigognes sont tenuës pour viande royale », écrit P. BELON, *Nature des oyseaux* [1555, in-f°], p. 196.

[3]
>   Que le heron soit viande royalle,
>   Chacun le sçait. . . . .

(P. BELON, *Portraits d'oyseaux*, p. 42.)

[4] « L'on dit communement que le heron est viande royale, par quoy la noblesse françoyse fait grand cas de les manger, mais encore plus des heronneaux. » (P. BELON, *Nature des oyseaux*, p. 190.)

[5] Sorte de héron blanc. « Sa chair est tendre et délicate. » (P. BELON, *Nature des oyseaux*, p. 196.)

[6] « Les cygnes sont oyseaux exquis es delices françoyses. L'on n'a guères coustumes de les manger si non es festins publiques ou es maisons des grands seigneurs. » (P. BELON, *Nature des oyseaux*, p. 152.) Aussi CASTELLANUS écrit-il : « Non tam ad gustum quam ad ostentationem solemnioribus epulis adhibetur. » (*De carnium esu*, p. 274.)

Butors[1].

Grues[2].

Tyransons[3].

Perdrix.

Perdriaux.

Francourlis[4].

Cailles.

Cailleteaux.

Ramiers.

Ramerots[5].

Bizets[6].

Tourterelles[7].

Courtes[8].

Faisans.

---

[1] Il se servait alors sur les meilleures tables. « Il est d'une saveur mal plaisante à qui ne l'a accoustumé, toutesfois qu'il est entre les delices françoyses. Les Venitiens n'en font pas grande estime. » (P. BELON, *Nature des oyseaux*, p. 193.)

[2] Sa chair était alors « réputée délicieuse ». (P. BELON, *Nature*, etc., p. 189.) Au commencement du dix-huitième siècle, on recommandait de les choisir jeunes : « Plus elles sont jeunes, plus elles sont tendres, délicates, aisées à digérer et d'un meilleur goût. » (LEMERY, *Traité des aliments*, 1705, in-4º, p. 321.) Elles perdirent ensuite beaucoup de leur réputation : « Elles ont la chair dure et qui veut être mortifiée », écrit LIGER. (*Nouvelle Maison rustique*, 1749, in-4º, t. II, p. 761.)

[3] Le tyran, *tyrannus*, oiseau de la taille d'une grue.

[4] Ou francolin, sorte de perdrix. Il était, paraît-il, encore fort rare en France : « L'on en voit à Venise et Bologne et à Rome. Quelques hommes dignes de foy nous ont rapporté qu'ils en avoyent veu manger en France à la table du feu Roy Françoys, qui avoyent esté envoyez des monts Pyrénées. » (BELON, *Nature*, etc., p. 240.) — « Il est bon pour ceux qui ont l'estomac foible ou la gravelle », dit le *Dictionnaire de Trévoux* [1771], t. IV, p. 304.

[5] Jeunes ramiers.

[6] Ainsi nommés à cause de leur couleur grise, dit DÉLAMARRE, *Traité de la police*, t. II, p. 1379.

[7] « C'est un manger délicieux, quand elle est grasse et jeune. » (LIGER, t. II, p. 753.)

[8] Je crois qu'il faut lire *tourtes*, sorte de tourterelles.

Faisandeaux.

Pluviers.

Merles.

Maulvys [1].

Corbeaux de chappons [2].

Becasses.

Becassins.

Guynettes [3].

Becquefigues [4].

Hortolans.

Gelinottes de boys.

Flamans.

Poulle d'eau.

Foulques aux pourreaux [5].

Pochecuillières [6].

Pocheteaux [7].

Palles [8].

Plongeons [9].

Cercelles [10].

Voy. DU CANGE, au mot *Tordera*. — LAVARENNE, au siècle suivant, indique la manière de rôtir les tourtes, p. 68.

[1] On a donné ce nom aux mauviettes, mais il s'applique aussi à une espèce du genre merle.

[2] Je ne sais ce qu'il faut entendre par ces mots. Le corbeau passait pour avoir une chair malsaine; on mangeait cependant les jeunes. (Voy. BELON, *Nature*, etc., p. 279.) — On donnait aussi le nom de corbeau au cormoran.

[3] Oiseau du genre de la bécasse et de la dimension de l'alouette de mer. (VALMONT DE BOMARE, *Dictionnaire d'histoire naturelle*, édit. de 1775, t. IV, p. 265.)

[4] « Cet oiseau a deux noms en France. On le nomme en automne *bequefigue*, et dans les autres saisons *pivoine*. » (DELAMARRE, t. II, p. 1399.)

[5] Poule d'eau (*fulica*) aux poireaux.

[6] Variété du pale.

[7] Petits du pochecuiller.

[8]   La pale vit es marche de Bretagne
          Communement, qui a l'extremité
          Et bout du bec large en rotondité,
          Et par cela divers noms elle gagne.
     (P. BELON, *Portraits d'oyseaux*, p. 43.)

[9] Tous les animaux de cette espèce « sentent la sauvagine ». (BELON, *Nature*, etc., p. 179.)

[10] Sarcelles. — LIGER, en 1749, les nomme encore *cercelles*. (Voy. t. II, p. 757.)

Corbigeaux [1].

Hallebrans [2].

Courlis [3].

Otardes [4].

Otardeaux.

Rasles.

GIBIER A POIL.

Lièvres.

Levraux.

Lappins.

Lapperaulx.

Dains [5].

Bischars [6].

CHARCUTERIE [7].

Saulcisses.

Saulcissons.

Boudins.

Cervelatz.

Andouilles caparasson-

nées de moustarde fine.

Jambons.

Hures de sanglier.

Cochons au moust.

POISSONS [8] D'EAU DOUCE.

Ablettes.

Anguilles.

Barbeaulx.

Barbillons.

[1] Soit le cormoran, soit le corbivau, espèce du genre corbeau.

[2] Ou allebrans, canetons sauvages.

[3] Corlis ou corlieu.

[4] Outardes.

[5] Suivant Br. Champier, sa chair est inférieure à celle du chevreuil, qui ne figure pas dans la liste donnée par Rabelais.

[6] Faon, petit d'une biche.

[7] Les premiers statuts des charcutiers datent du 17 janvier 1475. (Voy. Delamarre, t. II, p. 1321.)

[8]   Là peult-on veoir l'anguille et la lamproye
De quoy la bouche et le ventre font proye,
Le saulmon frais, la carpe camusette,
Le gros brochet, la solle fringalette,
Le marsouin gras, l'alose savoureuse,

Brochetons.	Dards [5].
Brochetz.	Escrevisses.
Carpeaulx [1].	Gougeons.
Carpes.	Liguombeaux [6].
Carpions [2].	Lampreons [7].
Chatouilles [3].	Lancerons [8].
Darceaux [4].	Loches [9].

Puis l'esturgeon, et la truite amoureuse.
Les ungs bouillis et les aultres rostis
Pour aguiser les humains appetis.

(G. CORROZET, *Blasons domestiques* [1539], p. 12.)

[1] Petites carpes.

[2] Les petites carpes étant nommées *carpeaulx* par RABE-
LAIS, il est probable qu'il veut désigner ici le *carpione*, sorte
de truite pointillée, dont la chair est d'une extrême délica-
tesse.

[3] Les pêcheurs donnent ce nom à de « petites lamproyes,
grosses comme une plume à écrire, qui se trouvent dans la
vase au bord des rivières ». (LIGER, t. II, p. 634.) — On les
nomme aussi *lamprillons, lamproyons, civelle,* etc. (Voyez
Ch. D'ORBIGNY, au mot *Ammocœte*.)

[4] Petits dards.

[5] Ou *vendoise*. C'est une espèce d'ablette. On disait pro-
verbialement « sain comme un dard ». (Voy. le *Dictionnaire
de Trévoux,* t. III, p. 108.)

[6] Ou *ligonbaud*. Suivant H. Salvien, c'est le nom que les
Marseillais donnaient à l'écrevisse. (*Aquatilium animalium
historia,* 1554, in-f°, p. 250. Voy. aussi Ul. ALDROVAND,
De animalibus exanguis, 1616, in-f°, p. 109.)

[7] Ce ne peuvent être ni le *lamprillon*, ni le *lamproyon*,
déjà cités sous le nom de chatouilles. Rabelais veut sans
doute désigner ici les petites lamproies que Br. CHAMPIER
(p. 1073) nomme *lampetrocciolæ*.

[8] Nom vulgaire des jeunes brochets.

[9] Sorte de goujon. On estimait surtout les loches de
Bar-sur-Seine.

Meusniers [1].	Truites.
Perches.	Umbres [2].
Tanches.	

POISSONS DE MER.

Adots [3].	Arans [5] blancs bouffiz.
Aloses.	Arans sors.
Anchoys.	Balaines [6].
Anges de mer [4].	Barbues.
Anguillettes.	Cancres [7].
Anguillettes salées.	Carreletz.

[1] Ou *vilain*, sorte d'ablette. Il est nommé *meunier* parce qu'il se plaît autour des moulins, et *vilain* « à cause de sa manière de vivre, car il aime toute ordure et en vit, comme de m..de, de boue, et de toute autre saleté ». (RONDELET, *Histoire des poissons*, 1558, in-f°, p. 137.) — Sa chair est insipide et molle, dit Ul. ALDROVAND, *De piscibus*, 1613, in-f°, p. 602.

[2] Soit l'*umbre* ou *ombre*, espèce de saumon, soit l'*ombre-chevalier*, variété de la truite.

[3] On écrivait plus régulièrement *hadots*. C'est un poisson du genre de la seiche; il était encore recherché au dix-septième siècle.

[4] Le *squatine*, poisson du genre de la raie, mais dont la chair est coriace et sans goût. Il s'accommodait comme la raie. (Voy. BONNEFONS, p. 356.)

[5] « Cardan estimoit que de son temps, c'est-à-dire sous les règnes de Charles IX ou de Henry III, la pêche des harengs produisoit par an en France 200,000 couronnes et davantage. Il est sans doute qu'il n'exagéroit pas. » (DELAMARRE, t. III, p. 17.) 200,000 couronnes valaient environ 1,600,000 livres en 1719.

[6] Voy. ci-dessus, p. 19.

[7] Crabes.

MARCHANDE D'HUITRES.

D'après Bouchardon.

Casserons [1].

Chevrettes [2].

Congres [3].

Cradotz [4].

Crespions.

Daulphins [5].

Dorades.

Empereurs [6].

Espelans [7].

Esturgeons.

Gourneaulx [8].

Gracieux seigneurs [9].

Homars.

Huytres en escalle [10].

[1] C'est le calmar, poisson du genre de la seiche. « Ils sont en fort grande estime, mesmement aprestés d'un bon cuisinier. »(RONDELET, p. 370.) — Sur la manière de l'accommoder, voy. Br. CHAMPIER, p. 1093.

[2] Crevettes. « On les mange avec le vinaigre, bouillies dans l'eau; on les fricasse aussi. » (RONDELET, p. 395.)

[3] Sorte de murène. Au commencement du dix-huitième siècle, ce poisson était « peu estimé et presque hors d'usage ». (DELAMARRE, t. III, p. 25.)

[4] Nom vulgaire de la jeune brême.

[5] « Ils ont la chair dure, de mauvais suc, excrementeuse, de mauvaise digestion, qui esmeut à vomir. On la sale, on la cuit avec ognons, persil et autres semblables. Aucuns la rostissent et la mangent avec l'orange ou avec sauce faite avec sucre et espices. Les autres la rostissent sur le gril. Les plus friandes parties sont la foïe et la langue. » (RONDELET, p. 350.)

[6] C'est l'espadon. On estimait peu la chair de ce poisson, qui, s'il faut en croire Belon, était fort recherché à Constantinople.(Voy. *Observations de plusieurs singularitez*, etc., p. 160.)

[7] Éperlans.

[8] Gournal est le nom vulgaire du trigle, poisson de la famille du rouget, mais inférieur à celui-ci comme comestible.

[9] « Poissons sans écailles qui s'attachent aux rochers, et que les vassaux présentent à leurs seigneurs comme très-rares. » (La Curne, d'après COTGRAVE, *Dictionary*.)

[10] On nommait huîtres *en écailles* ou *à l'écaille* celles que l'on vendait enfermées encore dans leurs coquilles. Elles étaient beaucoup plus estimées que les huîtres *huîtrées*.

Huytres frites [1].   Limandes.

Lamproyes [2] à saulce   Lubines [5].
   d'hippocras [3].   Macquereaulx [6].

Langoustes.   Maigres [7].

Lavaretz [4].   Marsouins [8].

Celles-ci étaient expédiées à Paris dépouillées de leurs coquilles, ce qui en facilitait le transport. On les désignait aussi
sous le nom d'huitres *de chasse,* parce qu'elles étaient apportées, ainsi dépouillées, par les *chasse-marée.*

[1] « Leur chair, dit La Framboisière, médecin de Louis XIII,
est grossière et dure à digérer, causant en nous quantité
d'humeurs terrestres et mélancholiques. Les bons compagnons les font cuire sur le gril dans leurs escailles, y adjous-
tant du beurre et quelque peu de poivre; aucuns les font
frire à la poesle, les autres les mangent cruës. » (*OEuvres,*
édit. de 1613, p. 137.) Voy. ci-dessous, p. 152.

[2] Les plus estimées venaient de Nantes. — Br. CHAMPIER
dit qu'elles ont la vie si dure qu'expédiées de Nantes, elles
arrivaient à Paris encore vivantes. (P. 1073.)

[3] Liqueur faite de vin très-aromatisé.

[4] « Il ha la chair blanche, molle, de bon goust, point
gluante, de bon suc, et qui nourrit moiennement. » (RON-
DELET, p. 119.)

[5] Sans doute le phoque, que Rondelet nous apprend être
parfois appelé *lubin,* p. 213.

[6] Il a été ainsi nommé « parce qu'aussitôt que le printemps est venu, il suit les petites aloses qui sont communément appelées *vierges,* et il les conduit à leurs mâles ».
(LEMERY, *Traité des aliments,* p. 387.)

[7] Nom vulgaire de la *sciène;* on l'a appelée aussi *aigle de
mer.* « En la mer oceane, il se prend un grand nombre de
poissons qui sont grands comme enfans, que l'on nomme
maigres. J'ay veu plusieurs fois des hommes et des femmes
qui ont pelé par le corps, les mains et le visage, pour avoir
mangé du foye desdits poissons. » (B. PALISSY, *Traité du
mitridat,* édit. de 1580, p. 156.)

[8] Ou *pourceau de mer.* « Il est semblable au dauphin,

Merluz [1].   Oursins [6].

Merluz salez.   Oyes [7].

Meuilles [2].   Pageaulx [8].

Meuilletz.   Palourdes [9].

Moulues [3].   Pelamides [10].

Murenes [4].   Petoncles [11].

Ortigues [5].   Plyes [12].

sinon qu'il en est différent d'une triste façon de corps, et de regard et de museau, lequel il a mousse. » (RONDELET, p. 350.)

[1] Merluche.

[2] Peut-être le mulet, qu'on trouve aussi désigné au seizième siècle sous les noms de *muge* et *mugile*. (Voy. Paul JOVE, *De romanis piscibus*, 1524, in-4°, chap. x, et Lud. NONNIUS, *Diæteticon*, édit. de 1627, p. 406.)

[3] Sans doute des moules.

[4] C'est le poisson que les Romains tenaient en si haute estime. Il est surtout répandu dans la Méditerranée, et sa chair est fort délicate.

[5] L'ortie de mer, sorte de méduse. Sur les noms étranges qu'on lui donnait, et que je ne puis reproduire ici, voy. RONDELET, p. 380, et Ul. ALDROVAND, *De animalibus exanguis*, p. 565.

[6] Ou hérisson de mer. Ses œufs sont encore très-estimés dans le Midi. — Sur la manière d'accommoder sa chair, voy. Br. CHAMPIER, p. 1090.

[7] Suivant BELON (*Nature*, etc., p. 48), l'oie de mer ne serait autre que le dauphin.

[8] C'est le *pagel*. BELON (*Singularitez*, etc., p. 160) écrit pageaux.

[9] *Pelorde* ou *pholade*, nom vulgaire de l'*unio*, sorte de moule. (Voy. U. ALDROVAND, p. 526.)

[10] Ou *pelamis cœrulea*, espèce particulière de thon. (Voy. J. JONSTONUS, *De piscibus et cetis*, p. 4.)

[11] Coquillage d'un goût très-fin.

[12] Plies.

Poles [1].
Pollardes [2].
Porcilles [3].
Poulpres [4].
Pucelles [5].
Rayes [6].
Roussettes [7].
Sardines.
Saulmonneaulx.

Saulmons.
Saulmons salez.
Seiches.
Soles.
Tons.
Tortues [8].
Turbots.
Viélles [9].

LÉGUMES.

Artichaulx [10].
Cardes [11].

Caules emb'olif [12].
Choux cabutz à la mouelle
de bœuf.

[1] Variété de la plie et de la sole. « Poles, soles sont d'une nature. » (*Ménagier*, t. II, p. 293.)

[2] La *gallina marina* ou poule de mer.

[3] Menus poissons du genre *centrina* ou *porc de mer*.

[4] Poulpes.

[5] Poisson du genre de l'alose, mais plus petit et d'un goût moins fin.

[6] Raie.

[7] Le plus petit des chiens de mer. Sa chair est d'une digestion difficile.

[8] « Et de mon temps, j'ay veu qu'il se fût trouvé bien peu d'hommes qui eussent voulu manger ny tortues, ny grenoulles, ét en mangent à present. » (B. PALISSY, *Traité des pierres*, édit. de 1580, p. 215.)

[9] Nom vulgaire des labres.

[10] Sur les propriétés qu'on lui attribuait alors, voy. dans cette collection l'*Annonce et la réclame*, Appendice, p. 1 et 2.

[11] Le cardon. (Voy. Ol. DE SERRES, *Théâtre d'agriculture*, édit. de 1646, p. 471.)

[12] Choux à l'huile. « Chou. Les apothicaires et le vulgaire l'appellent *caulis*. » (FUCUS, *Histoire des plantes*, édit. de 1550, p. 288.)

Escherviz [1].
Espinars [2].
Pasquenades [3].
Riz [4].
Sallades, cent diversitez :
de cresson, de obelon [5],
de la couille à l'eves-
que [6] ; de responses [7],
d'aureilles de Judas [8]
(c'est une forme de fun-
ges [9] issans des vieux
suzeaulx [10]), de asper-
ges [11], de chevrefuel [12] :
tant d'autres.

[1] Le chervis, espèce de panais.

[2] On en faisait de petits pâtés ou boulettes, que les pâtissiers vendaient surtout aux écoliers. (Voy. Br. CHAMPIER, p. 475.)

[3] Sans doute des panais. (Voy. DU CANGE au mot *Pastinaca*.) Valmont de Bomare, en 1775, les nomme encore *pastenades*. (Voy. son *Dictionnaire*, t. VI.)

[4] Dès le scizième siècle, on avait cherché à acclimater le riz dans le midi de la France.

[5] Houblon.

[6] C'est le *satyrion*, dit alors *testiculus vulpis* ou *testiculus sacerdotis* (FUCHS, p. 484), et plus tard *testiculus canis*. (VALMONT DE BOMARE, t. VIII, p. 108.) Il ne faut pas le confondre avec le pied de veau ou *v. t de prêtre*, l'*arum* des Latins. (Voy. FUCHS, p. 50.)

[7] Raiponces.

[8] Champignon de la famille des *pezizes*. (Voy. le *Dictionnaire* de Ch. d'Orbigny, t. X, p. 554.)

[9] Champignons. Du latin *fungi*.

[10] Le sureau, que Fuchs (p. 47) nomme encore *seu*, *suzéau* ou *suyer*.

[11] Les asperges étaient encore rares en France vers 1585, année où parurent les contes de Noël du Fail. On se figurait alors que ce légume était le produit de cornes de mouton mises en terre. Ce qui fait dire à du Fail que les asperges ne pouvaient être chères à Paris « où il y a abondance de cornes ». (Voy. *Conte* XXI, édition elzev., t. II, p. 267.)

[12] Le chèvrefeuille passait cependant pour malsain. (Voy. FUCHS, p. 442.)

METS ET RAGOUTS.

Cabirotades [1].

Carbonades de six sortes [2].

Coscotons [3].

Coustelettes de porc à l'ognonnade.

Eschinées aux poys [4].

Esclanches à l'aillade [5].

Espaulles de mouton aux capres.

Fressures [6].

Fricandeaux.

Fricassées, neuf espèces.

Fromentée [7].

Gras chappons au blanc manger.

---

[1] Sans doute pour *capilotades*, mot que Furetière définit ainsi : « Sausse qu'on fait à des restes de volailles et de pièces de rôts dépecées. »

[2] Carbonade, « viande grillée sur le charbon, et servie soit avec une sauce, soit sans sauce ». (*Dictionn. de Trévoux.*) — Les tranches de bœuf, les pigeons, etc., se mangeaient *à la carbonade.*

[3] Sorte de fromentée au gras.

[4] Ragoût composé d'une échine de porc accommodée aux pois.

[5] Gigot rôti à l'ail. — Au mois de mai, les Parisiens avaient coutume de manger de l'ail avec du beurre frais, et ils croyaient affermir ainsi leur santé pour toute l'année. (Br. CHAMPIER, p. 539.)

[6] On nommait fressure : *Dans le porc*, le foie, le cœur, la langue et le mol (poumon). *Dans le veau*, la tête, la fraise, la panse, les pieds. *Dans le bœuf*, la pance, le mol, le psaultier (premier estomac), la franche mule (deuxième estomac), le foie, la rate, les pieds. *Dans le mouton*, là tête, la pance, la caillette (estomac), les pieds. (*Ménagier de Paris*, t. II, p. 129.) — « J'ay veu de mon temps que les hommes n'eussent voulu manger les pieds, la teste, ny le ventre du mouton, et à present c'est ce qu'ils estiment le meilleur. » (Bern. PALISSY, *Traité des pierres*, p. 215.)

[7] Émulsion de froment. On en trouve la recette fort com-

Hastereaulx [1].
Hoschepotz [2].
Langues de bœuf fumées [3].
Pièces de bœuf royalles [4].

Longes de veau routy froides, sinapisées de poudre zinziberine [5].
Pieds de porc au sou [6].

pliquée dans le *Ménagier*, t. II, p. 210, et dans PLATINA, *De honesta voluptate*, trad. Christol, f° 71.

[1] Tranches de foie poivrées, salées et grillées. La recette est dans le *Dictionnaire de Trévoux*, t. IV, p. 744. — Il ne faut confondre les *hâtereaux*, ni avec les *attereaux*, ni avec les *hattelettes*.

[2] Mets célèbre, que Noël du Fail nomme « la soupe au grand pot, le pot pourri des friands, vrai restaurant et elixir de vie ». (*Contes*, t. II, p. 162.) — Le hochepot se composait de bœuf, de veau, de mouton et de lard cuits ensemble; on y ajoûtait une foule d'herbes et de racines et une sauce relevée de manière à emporter la bouche.

[3] La langue de bœuf salée se conserve plus d'une année, et est fort recherchée par les buveurs. Ordinairement, on la met sur le gril et on la mange avec des clous de girofle. (Br. CHAMPIER, p. 668.) — Dans les familles nombreuses, on sale le bœuf pour la nourriture des valets. Mais il perd ainsi son goût, et devient si dur que la plus longue cuisson le rend à peine mangeable. Ce bœuf salé se nomme *brésil*, parce qu'il acquiert la dureté et la couleur de ce bois. (Br. CHAMPIER, p. 698.)

[4] Le mou de veau et de bœuf étaient alors des mets très-estimés par le peuple. (Br. CHAMPIER, p. 678.) — La moelle de bœuf se mettait dans les tartes aux pommes. On en faisait aussi des tartines sur des rôties de pain toutes chaudes. *Ibid.*, p. 671. — La viande de vache passait pour insalubre, et on ne la rencontrait guère que sur la table des pauvres. *Ibid.*, p. 699. — Le cardinal du Prat, qui aimait l'âne, s'efforça en vain d'en généraliser l'usage comme nourriture. *Ibid.*, p. 708.

[5] Poudre de gingembre. Du latin *zinziber*.

[6] En vieux français, *sou* signifie le toit, l'étable des porcs. Peut-être s'agit-il ici de porcs restant toujours renfermés et

Poictrines de veau [1].　　Saulgrenées de febves [5].

Poulles bouillies.　　Saumates [6].

Purée de poys [2].　　Venaison sallée aux na-

Rippes [3].　　　　　　veaulx [7].

Salmiguondins [4].

PATISSERIES.

Beurre d'amendes [8].　　Croustes de pastez fricassées.

nourris d'une manière spéciale. Livre IV, chap. XXXII, Rabelais cite encore les porcs au son.

[1] Au seizième siècle, le veau était regardé comme la meilleure des viandes de boucherie. François Ier l'aimait beaucoup. (Br. CHAMPIER, p. 692.) — La cervelle se mangeait bouillie ou frite. Le foie se mettait sur le gril, et on le servait avec une sauce très-forte, dans laquelle entraient du poivre, du vinaigre et du sucre. (Br. CHAMPIER, p. 673 et 674.)

[2] Mets déjà célèbre au treizième siècle.

[3] On nommait *ripillons* des restes de poissons, « reliquias piscium », dit du Cange, au mot *Spinaticus*.

[4] Salmigondis, « espèce de ragoût, qu'on fait de différentes viandes déjà cuites, auxquelles on fait une sauce après les avoir dépecées ». (Voy. les Dictionnaires *de Furetière* et *de Trévoux*.)

[5] Saugrenée, « assaisonnement fait avec du beurre, des herbes fines, de l'eau et du sel. Ceux qui disent qu'on cuit les légumes à l'eau et au sel seulement n'en ont sans doute guère mangé. » (*Dictionnaire de Trévoux*.) — La saugrenée s'appliquait surtout aux pois et aux fèves.

[6] Ragoût composé de morceaux de porc. Amyot le décrit dans sa traduction de Plutarque. (*De manger chair*, liv. II, édit. de 1607, t. I, p. 908.) — Ce passage a été fort abrégé dans la traduction Ricard. (T. IV, p. 572.)

[7] Navets.

[8] Amandes pilées et maniées avec du beurre. On trouve la recette du beurre d'amandes dans P. DAVID, *le Maistre*

Guasteaux feuilletez.

Guauffres.

Mestiers [1] au sucre fin.

Pastés d'assiette [2].

— d'allouettes [3].

— de chamoys [4].

— de chappons.

— de chevreuilz.

— de coings [5].

Pastés de lardons.

— de lirons [6].

— de pigeons.

— à la saulce chaude.

— de stamboucqz [7].

— de venaison.

Poupelins [8].

Tartres [9], vingt sortes.

Tourtes, de seize façons.

ENTREMETS SUCRÉS ET DESSERT.

Caillebottes [10].

Crespes.

d'hostel, p. 113, et dans LAVARENNE, le Parfaict Confiturier, p. 90.

[1] Sorte de gaufre ou d'oublie, qui, comme le *plaisir* de nos jours, était souvent roulée en forme de cornet. On en trouve la recette dans LIÉBAULT, *Maison rustique*, édit. de 1698, p. 318.

[2] On en trouve la recette, très-compliquée, dans LAVARENNE, *le Cuisinier françois*, édit. de 1653, p. 135.

[3] Les alouettes étaient alors un mets très-commun à Paris : *vulgatissimus est cibus Lutetiæ*, dit Br. Champier. Il nous apprend encore qu'on les servait souvent bardées de sauge et de lard, et enfilées par six ou par douze dans une brochette de bois. (P. 808.)

[4] La petite race du chamois passait pour fournir une viande assez agréable.

[5] On en trouve la recette dans la *Nouvelle Instruction pour les confitures*, p. 150.

[6] Le liron est notre loir, dont la chair a beaucoup d'analogie avec celle du cochon d'Inde.

[7] Peut-être le bouquetin.

[8] On en trouve la recette dans BONNEFONS, *Délices de la campagne*, édit. de 1655, p. 48.

[9] Tartes.

[10] Masse de lait caillé et sucré. On en trouve la recette

Jonchées [1].

Neige de crème [2].

Neige de beurre.

Dactyles [3].

Figues.

Fisticques.

Noix.

Noizilles [4].

Myrobalans conficts [5].

Pesches de Corbeil [6].

Pistaces [7].

Pruneaux.

Rasins [8].

Fromaiges [9].

dans le *Confiturier* de Lavarenne, p. 90, dans le *Confiturier royal*, p. 284, et dans P. David, p. 118.

[1] Fromage fait de lait fraîchement caillé, et égoutté dans de petits paniers tressés d'osier ou de jonc. — Liébault, p. 39, dit que ce nom était spécial à Paris. (Voy. pourtant du Cange, au mot *Juncata*.)

[2] Sorte d'œufs à la neige. La recette est dans le *Confiturier royal*, p. 265.

[3] Les dattes, qui pendant bien longtemps encore furent regardées comme un médicament. « Les dactes ne sont guère en usage icy que pour la médecine. On les estime propres pour fortifier l'enfant dans le ventre de sa mère. » (Lemery, *Traité des aliments* [1705], p. 87.) — « Les marchands épiciers de Paris vendent trois sortes de dattes, sçavoir de Tunis, de Salé et de Provence. Sous ce dernier nom sont comprises toutes celles qui viennent du Levant par la voie de Marseille. » (Savary, *Dictionnaire du commerce* [1741], au mot *Datte*.)

[4] Noisettes. — Fuchs (p. 279) les nomme *nosilles*, *nóysettes* et *avellanes* (avelines?), et Liébault, en 1698, *noisilles*.

[5] Le *terminalier*, fruit des Indes. La vogue dont il jouit pendant longtemps donna naissance à l'adjectif *mirobolant*, qui désigne une chose extraordinaire, merveilleuse.

[6] Les seules célèbres pendant tout le seizième siècle.

[7] Pistaches.

[8] Raisins.

[9] Les fromages les plus estimés au seizième siècle étaient ceux de Brie, de Champagne et d'Auvergne.

Confitures seiches et liquides, soixante-dix-huit espèces[1].	Dragées, de cent couleurs.
	Gelées.

DIVERS.

Pain blanc.	Choine[2].
— bourgeois.	Gruau.
— mollet.	Beuignets[3].

[1] Voy. le *Parfaict Confiturier, qui enseigne à bien faire toutes sortes de confitures tant seiches que liquides, de compostes, de fruicts, de sallades, de dragées; breuvages délicieux et autres délicatesses de bouche* [par LAVARENNE], Paris, 1667, in-18.

[2] « Pain blanc et délicat. D'où est venu le proverbe : *Il a mangé son choine le premier.* » (G. MÉNAGE, *Dictionnaire étymologique.*) — Du Cange (au mot *Panis choesne*) croit qu'il s'agit ici du pain que recevaient chaque jour les chanoines, et qui est célèbre sous le nom de *pain de chapitre.* — « S'il est question de parler d'un pain ayant toutes les qualitez d'un bon et friand pain, ne faut-il pas en venir au pain de chapitre? » (H. ESTIENNE, *Apologie pour Hérodote*, édit. Ristelhuber, t. II, p. 34.) — Dans les *Contens* de Tournebue, Nivelet dit à Rodomont : « Il me semble que le pain de munition n'a point si bon goust que le pain de chapitre de Paris. » [An. 1560.] (Acte II, sc. III.) — Pendant longtemps, le *chef-d'œuvre* des aspirants à la maîtrise dans la boulangerie fut un pain de chapitre. Les statuts de 1766 (art. 19) laissèrent les jurés libres de déterminer eux-mêmes le chef-d'œuvre imposé aux compagnons. — On trouve la recette du pain de chapitre dans N. DE BONNEFONS, *les Délices de la campagne*, p. 12. — A la fin du seizième siècle, le sel coûtait encore cher, et le pain de luxe seul était salé. (Voy. Br. CHAMPIER, p. 406.)

[3] Les plus estimés étaient les beignets à la moelle de bœuf et les beignets aux œufs de brochet. (Voy. le *Ménagier*, t. II, p. 224 et 229.)

OEufs frits, perduz [1], suf-focqués, estuvés, train-nés par les cendres [2], jettés par la cheminée, barbouillés, gouildron-nés, etc.

Escargotz [3].

Grenouilles [4].

Serpens, *id est* anguilles de boys [5].

Risses [6].

Porcespicz [7].

[1] En voici la recette : « Rompez l'escaille, et gettez moieulx (*jaunes*) et aubuns (*blancs*) sur charbons ou sur brèse bien chaulde, et après les nettoyez et mengiez. » (*Ménagier*, t. II, p. 208.)

[2] « On en cuit aussi sur les cendres chaudes; mais il faut un peu casser le gros bout, de crainte que l'œuf ne pette et se perde. » (N. DE BONNEFONS, p. 170.)

[3] On les mangeait frits ou bouillis, et on les servait par-fois enfilés dans une petite broche, comme les rognons. — Frits en huile et oignons « sont pour riches gens », dit le *Ménagier*, t. II, p. 223. — Bonnefons, au contraire, « s'es-tonne de ce que la bizarerie de l'homme a esté chercher jusques à ce ragoust dépravé pour satisfaire à l'extravagance de la gourmandise ». (P. 344.)

[4] Durant plusieurs siècles, les Parisiens eurent une pas-sion pour ce repoussant batracien. Le *Ménagier* le nomme *renoulle*.— « J'ai vu un temps, dit BR. CHAMPIER (p. 1106), où l'on ne mangeait que les cuisses; on mange maintenant tout le corps excepté la tête. On les sert frites avec du persil. » — Voy. aussi PLATINA, p. 86.

[5] Les couleuvres. Au dix-huitième siècle encore on man-geait non-seulement des couleuvres, mais des vipères. Lemery, médecin de l'Hôtel-Dieu, dit de ces dernières : « Leur chair, mangée entière ou prise en bouillon ou en gelée, nourrit peu, purifie le sang et excite une transpira-tion plus libre. » (*Traité des aliments* [1705], p. 457.)

[6] Peut-être le *risia*, sous-genre de l'antilope.

[7] « Le hérisson est bon à manger, surtout au mois d'août et en automne qu'il est gras. Le porc-épy n'est qu'un gros hérisson, il passe pour un bon mets. » (LIGER, t. II, p. 738.)

On remarquera le peu de place que tiennent dans cette liste les légumes, alors fort dédaignés, et qui constituaient surtout les potages dits de carême dont je parlerai plus loin. Voici, par exemple, le menu d'un festin [1] qui fut offert à Catherine de Médicis en juin 1549 par la Ville de Paris [2]. Je laisse de côté les pâtés et les gâteaux fournis par le pâtissier, et je cite seulement les animaux et les légumes qui figurèrent sur la table; il est bien entendu que toute viande de boucherie était bannie d'un repas aussi somptueux :

30 pans [3].	30 chapons.
33 faisans.	99 petits poullets au vinaigre.
21 cignes.	
9 grues.	66 poullets à bouillir.
33 trubles à large bec [4].	66 poullets en gelinottes.
33 bigoreaulx [5].	6 cochons.
33 aigrettes.	99 rennerons.
33 heronneaulx.	99 pigeonneaux.
30 chevreaulx.	99 turterelles.
66 poulets d'Inde.	33 levreaulx.

[1] Il a été publié dans les *Archives curieuses* de CIMBER et DANJOU, t. III, p. 418.

[2] Ce repas eut lieu dans la grande salle de l'archevêché, car les travaux entrepris pour la reconstruction de l'Hôtel de ville étaient alors en pleine activité.

[3] Paons.

[4] Nom donné au *pale*, dont j'ai parlé p. 75.

[5] Bihorreau ou roupeau, sorte de héron.

66 lappereaulx.

33 oisons.

13 perdreaulx.

3 outardeaux.

13 estourdeaux [1].

99 cailles.

Esperges [2], 40 sols tournois.

Poix [3], 3 boesseaux.

Febves, 1 boesseau.

Artichaulx, 12 douzaines.

Ce séduisant menu avait été rédigé sous l'œil vigilant des échevins. Il dut plaire à Catherine, grosse mangeuse et sujette aux indigestions. Elle aimait surtout les crêtes et les rognons de coq et les fonds d'artichauts; elle en mangea tant au mariage de mademoiselle de Martigues « qu'elle cuida crever », dit impoliment Lestoile [4]. Elle avait fait venir d'Italie quelques cuisiniers qui, il faut le reconnaître, commencèrent à simplifier un peu la cuisine française. Bien entendu, ces faiseurs de ragoûts se regardaient comme de grands artistes, et la vanité était leur moindre défaut. Montaigne les a bien peints dans le récit de l'entretien qu'il eut avec l'un d'eux, ancien maître d'hôtel du cardinal Caraffa : « Il m'a, dit-il, fâict un discours de cette

---

[1] Voy. ci-dessus, p. 69.

[2] Asperges.

[3] Pois.

[4] *Journal de Henri III*, 19 juin 1575, édit. MICHAUD, t. XIII, p. 56.

UN CUISINIER.

D'après Jost Amman. (Seizième siècle.)

science de gueule, avec une gravité et contenance magistrale, comme s'il m'eust parlé
de quelque grand point de théologie. Il m'a
déchiffré une différence d'appétits : celuy
qu'on a à jeun, qu'on a après le second et
tiers service; les moyens tantost de l'éveiller
et picquer; la police de ses sauces, première-
ment en général, et puis particularisant les
qualitez des ingrédiens et leurs effects; les
différences des salades selon leur saison, celle
qui doit estre réchauffée, celle qui veut estre
servie froide, la façon de les orner et embellir
pour les rendre encores plus plaisantes à la
veue. Après cela, il est entré sur l'ordre du
service plein de belles et importantes considé-
rations. Et tout cela enflé de riches et magnifiques paroles, et celles mesmes qu'on employe
à traicter du gouvernement d'un empire [1]. »
En dépit de ces hâbleries, on fit toujours
maigre chère à la cour de Catherine, et les
gourmands furent fort molestés par son fils
Charles IX. Dès son avénement au trône, les
mauvaises récoltes se succédèrent sans inter-
ruption, et, pendant plus de dix années, le
peuple vécut dans la crainte continuelle d'une

[1] *Essais*, liv. I, ch. LI.

disette [1]. On opposa à ce danger une longue
série d'ordonnances somptuaires dont je ne
puis me dispenser de dire un mot.

De nos jours, tout accroissement de consom-
mation crée aussitôt un accroissement de pro-
duction ou d'importation. Il n'en allait pas
de même en un temps où manquaient à la fois
la sécurité commerciale, la liberté du travail
et les voies de communication [2]. De là ces lois
contre le luxe qui nous paraissent aujourd'hui
si étranges.

Un édit du 20 janvier 1563 [3] défend de
donner, même dans les fêtes de famille, même
dans les occasions solennelles, aucun repas
comprenant plus de trois services :

1° Les entrées.

2° La viande ou le poisson.

3° Le dessert.

Les *entrées*, potages, fricassées ou pâtés,
devaient se composer de six plats au plus.

Six plats étaient également le maximum
pour la *viande* ou le *poisson*, et l'on ne pouvait

---

[1] Voy. DELAMARRE, *Traité de la police*, t. II, p. 1006
et suiv.

[2] Décidément la science économique abuse des mots en
ion.

[3] Dans FONTANON, *Edits et ordonnances*, t. I, p. 319, et
dans GUENOIS, *Conférence des ordonnances*, t. III, p. 769.

faire figurer viande et poisson dans un même repas [1]. Chaque plat ne devait contenir qu'une seule sorte de viande ou de poisson, et il était défendu de les mettre en double, de servir par exemple deux carpes, deux chapons ou deux lapins à la fois. Comptaient cependant pour un seul plat :

3 poulets ou pigeonneaux.

4 grives, bécassines, « et autres tels oyseaux ».

12 alouettes.

Au *dessert*, « soient fruicts, tartres, pasticerie, fourmage, etc. », on n'admettait encore que six plats.

Le tout, sous peine de deux cents livres d'amende pour la première contravention et de quatre cents livres pour la récidive, sommes applicables moitié au roi et moitié au dénonciateur [2]. On ne se bornait pas à poursuivre l'amphitryon. Chaque convive était passible d'une amende de quarante livres [3]. Quant au cuisinier qui avait apprêté le repas, une première contravention lui coûtait quinze jours de prison au pain et à l'eau ; une seconde fai-

[1] Article 34.
[2] Article 30.
[3] Article 31.

sait doubler la peine; une troisième l'exposait à être « fustigé et banny du lieu comme pernicieux à la chose publique[1]. »

N'allez pas croire au moins que cet édit reçut même un commencement d'exécution. Je montrerai ailleurs qu'avant le dix-septième siècle une loi n'était guère obéie qu'après avoir été renouvelée trois ou quatre fois. Il arrivait pourtant qu'au début on sévissait avec une rigueur ridicule, et puis un mois après personne n'y pensait plus, et les abus que l'on avait voulu réformer reprenaient tranquillement leur cours.

Ne soyons donc pas étonnés de voir l'édit précédent réitéré deux ans plus tard, le 20 février 1565[2]. « Tant s'en faut, dit le roi, qu'il ait esté observé comme il doit, qu'au contraire la superfluë et desmesurée despense, tant es habits que viandes, se déclare et monstre pour le présent plus que jamais augmentée parmy nos sujets : chose qui tourne au grand intérest public, et à conséquence d'appauvrissement de ceux de nos dits sujets qui se constituent en telles vaines et inutiles despenses. » Aux prescriptions antérieures, le nouvel édit ajoute

[1] Article 33.
[2] Dans FONTANON, t. I, p. 943.

la défense « de tuer ne manger aigneaux[1] », ce qui était, on en conviendra, le meilleur moyen pour les laisser grandir.

Le 19 février de l'année suivante, autre édit[2], qui impose aux hôteliers et cabaretiers un tarif pour la vente de leurs denrées, « afin que nos sujets allans et venans par nostre royaume puissent vivre à meilleur marché[3] ». Le roi ne se dissimule pas que les hôteliers ne seront pas contents; aussi leur interdit-il de « délaisser leurs hostelleries ou les faire fermer[4] ».

Le 23 mars et le 1er juin 1567, le 31 mars 1572, le 3 juillet 1577, confirmation de cet édit[5]. Le siége de Paris par Henri IV en 1590 et 1591 est l'occasion de nouveaux édits du même genre. Enfin, au mois de janvier 1639, la grande ordonnance[6] dite *code Michaud*[7] renouvelle l'édit du 20 janvier 1563; elle défend en outre « à tous ceux qui font pro-

---

[1] Article 3.
[2] Dans FONTANON, t. I, p. 944.
[3] Préambule.
[4] Article 6.
[5] Dans FONTANON, t. I, p. 948, 949, 952, 955.
[6] Dans ISAMBERT, *Recueil des anciennes lois*, t. XVI, p. 265.
[7] Rédigée par le garde des sceaux Michel de Marillac.

6.

fession de traiter et entreprendre les festins de
noces, fiançailles ou autres », de réclamer à
leurs clients plus d'un écu par tête[1].

Je n'ai pas besoin de dire si traiteurs et
clients s'entendirent pour violer cet article.
Ils y réussirent d'autant mieux que Paris était
déjà ce qu'il est aujourd'hui, la ville féconde
en ressources de tout genre, pourvu qu'on ne
marchande pas avec elle. A cette condition l'on
pouvait donc y bien vivre malgré les ordonnances somptuaires et les mauvaises récoltes,
et dans les grandes occasions il était facile d'y
organiser un somptueux repas, même un jour
maigre. La reine Élisabeth d'Autriche fit son
entrée solennelle à Paris le jeudi 29 mars 1571.
Le lendemain vendredi, elle entendit la messe
à Notre-Dame, et ce devoir accompli alla dîner
dans la salle de l'évêché, où on lui servit :

4 grands saumons frais.	18 grenaulx « appelez
10 grands turbots.	tumbes[2] ».
18 barbues.	18 mulets.

---

[1] Article 136.

[2] Le *Ménagier* (t. II, p. 97) place ensemble le *tumbe*, le
rouget, le gournaut et le *grimondin*. « Nota, dit-il, que
tumbe est le plus grand, *gournaut* est plus grand après, le
rouget est le plus petit, et le *grimondin* le moindre de tous. »
— Les *gournauts* et les *grenauts* sont des poissons de la même
espèce, mais que les naturalistes ne confondent point. Le

3 paniers de gros éperlans.

2 paniers d'huîtres à l'écaille [1].

200 tripes de morue [2].

50 livres de baleine [3].

1 panier d'huîtres sans écailles.

12 homards.

50 cancres [4].

9 aloses fraîches.

18 truites d'un pied et demi.

9 grands brochets « dits

carreaux », de 2 à 3 pieds.

12 grandes carpes, de 2 à 3 pieds.

50 carpes d'un pied.

8 brochets d'un pied.

18 lamproies.

200 gros lamprions.

200 grosses écrevisses.

200 harengs blancs.

200 harengs saurs.

24 pièces de saumon salé.

1 panier de moules.

1000 grenouilles.

Pour l'organisation de ce festin, la Ville avait passé un marché avec le sieur Liénard

grenaut ou *grenot* dont il est question ici ne doit pas non plus être confondu avec le *rouget*, car Lavarenne et Bonnefons citent les deux.

[1] Voy. ci-dessus, p. 81.

[2] On les nomme aussi *noues* ou *nos*. « Elles se lavent et s'apprêtent à peu près comme ce que les bouchers appellent une fraise de veau, à qui elles ressemblent beaucoup. Elles se salent dans les lieux de la pêche, en même temps que le poisson. » (SAVARY, *Dictionnaire du commerce*, t. III, p. 586.) C'était un mets assez vulgaire, qu'on criait encore dans les rues en 1572. (Voy. l'*Annonce et la réclame*, p. 221.) — BONNEFONS (p. 371) indique la manière de l'apprêter.

[3] Voy. ci-dessus, p. 19.

[4] Voy. ci-dessus, p. 78.

Hubert, qui demeurait rue Quicquetonne [1], et qui est qualifié de « pourvoieur de la royne mère du Roy ». Il n'avait pas voulu s'engager à fournir des esturgeons, dorades, marsouins, tortues et maquereaux frais; mais il avait promis « de faire toutes les diligences à luy possibles pour en recouvrer [2] ».

Il faut remarquer que ce repas avait lieu un vendredi, jour où la France entière ne mangeait que du poisson, et au mois de mars, saison des gros temps, où même à notre époque la marée est parfois peu abondante sur les marchés.

Au milieu des troubles de cette époque néfaste, les Parisiens n'étaient donc pas sans consolations. Aussi, en dépit des mauvaises récoltes, des lois contre le luxe, de la guerre civile qui ensanglantait et ruinait le royaume, ils ne s'abandonnaient pas au désespoir. Tous les auteurs contemporains sont d'accord sur ce point. « Ils se délectent si fort en la variété des viandes, dit P. Belon [3], qu'au repas d'un

---

[1] Rue Tiquetonne.
[2] *Devis et marchés passés par la ville de Paris pour l'entrée solennelle d'Élisabeth d'Autriche.* Dans la *Revue archéologique*, année 1848-49, p. 676.
[3] *De la nature des oyseaux*, p. 62.

simple bourgeois, l'on voirra deux, ou trois, ou quatre douzaines de vaisselles salies. » Et Bodin écrivait en 1574, c'est-à-dire au plus beau temps des ordonnances somptuaires : « On ne se contente pas en un disner ordinaire d'avoir trois services, premier de bouilly, second de rosty et le troisiesme de fruict. Et encores il faut d'une viande avoir cinq ou six façons, avec tant de saulces, de hachis, de pasticeries, de toutes sortes de salemigondis, et d'autres diversitez de bigarrures, qu'il s'en fait une grande dissipation. » Autrefois, ajoute-t-il, on se contentait pour un repas de cinq ou six espèces de viandes, ce qui était fort suffisant : « Si la frugalité ancienne continuoit, qu'on n'eust sur table en un festin que cinq ou six sortes de viandes, une de chaque espèce et cuittes en leur naturel, sans y mettre toutes ces friandises nouvelles, il ne s'en feroit pas telle dissipation, et les vivres en seroient à meilleur marché. » Le fait est que tout augmentait dans des proportions inquiétantes, inquiétantes surtout pour les économistes de l'école de Bodin, car les Parisiens n'en continuaient pas moins à « se ruer en cuisine », et les Durand, les Brébant, les Marguery de l'époque trouvaient cela très bien : « Et quoique les vivres soient plus chers qu'ils ne furent oncques, si est-ce que chacun aujourd'huy se mesle de faire festin, et un festin n'est pas bien fait, s'il n'y a une infinité de viandes sophistiquées pour aiguiser l'apétit et irriter la nature. Chacun aujourd'huy veut aller disner chez Le More, chez Sanson, chez Innocent, chez Havart, ministres de volupté et de despense, qui en une chose publique bien policée et bien réglée seroient bannis comme corrupteurs des mœurs [1]. »

Un ambassadeur italien, Jérôme Lippomano, qui fut accrédité à Paris par la République de Venise en 1557, nous confirme toutes les allégations de Bodin, et il a sur lui le mérite de ne point s'indigner du tout de ce qu'il voit. « Les Français, dit-il, mangent peu de pain et de fruit, mais beaucoup de viande ; ils en chargent la table dans leurs banquets. Elle est, au reste, bien rôtie et bien assaisonnée d'ordinaire. On aime en France plus qu'ailleurs les pâtisseries, c'est-à-dire la viande cuite dans la pâte ; dans les villes et même dans les villages, on trouve des rôtisseurs et des pâtissiers qui débitent toutes sortes de mets tout prêts, ou du moins arran-

---

[1] BODIN, *Discours sur les causes de l'extrême cherté qui est aujourd'hui en France.* Dans CIMBER et DANJOU, *Archives curieuses*, t. VI, p. 438.

gés de manière qu'il ne leur manque que la
cuisson. Il y a une chose qui m'a paru longtemps incroyable, et que mes lecteurs ne vou-
dront pas croire peut-être, c'est qu'un chapon,
une perdrix, un lièvre coûtent moins tout
prêts, lardés et rôtis, qu'en les achetant tout
vifs au marché ou dans les environs de Paris.
Cela vient de ce que les rôtisseurs les prenant
en gros, les ont à bas prix et peuvent les re-
vendre de même ; il leur suffit de gagner huit
ou dix deniers, pourvu que leur argent circule
et leur rapporte tous les jours quelque chose. »
Je demande la permission de faire observer
qu'en tout ceci le diplomate Lippomano se
montre meilleur économiste que l'économiste
Bodin. Il continue : « Le porc est l'aliment
accoutumé des pauvres gens, mais de ceux qui
sont vraiment pauvres. Tout ouvrier, tout
marchand, si chétif qu'il soit, veut manger,
les jours gras, du mouton, du chevreuil, de la
perdrix aussi bien que les riches ; et les jours
maigres du saumon, de la morue, des harengs
salés qu'on apporte des Pays-Bas et des îles
septentrionales en très-grande abondance. Les
magasins de Paris en regorgent. On mange
aussi du beurre frais et du laitage. Les légumes
y sont à foison, spécialement les pois blancs et

verts [1] : ceux-ci sont plus tendres et d'une cuisson plus facile. Quant aux autres espèces de légumes, on n'en fait pas grand usage : en quelques endroits, on mange un peu de lentilles, et des fèves presque jamais. »

Plus loin, Lippomano revient encore sur la gourmandise des Parisiens et sur les ressources qu'offre déjà leur ville. Je continue donc à le citer, car les observations consignées dans son journal par cet étranger aussi fin que désintéressé sont précieuses à recueillir : « Paris a en abondance tout ce qui peut être désiré. Les marchandises de tous les pays y affluent : les vivres y sont apportés par la Seine de Picardie, d'Auvergne, de Bourgogne, de Champagne et de Normandie. Aussi, quoique la population soit innombrable, rien n'y manque : tout semble tomber du ciel. Cependant le prix des comestibles y est un peu élevé, à vrai dire, car les Français ne dépensent pour nulle autre chose aussi volontiers que pour manger et pour faire ce qu'ils appellent bonne chère. C'est pourquoi les bouchers, les marchands de viande, les rôtisseurs, les revendeurs, les pâtissiers, les cabaretiers, les taverniers s'y trou-

---

[1] Lippomano veut sans doute parler ici des haricots.

vent en telle quantité que c'est une vraie confu-
sion : il n'est rue tant soit peu remarquable
qui n'en ait sa part. » Convenez qu'à bien peu
de chose près, ce passage, écrit il y a trois
cents ans, s'appliquerait parfaitement au Paris
de 1888. Je poursuis : « Voulez-vous acheter
les animaux au marché, ou bien la viande?
vous le pouvez à toute heure, en tout lieu.
Voulez-vous votre provision toute prête, cuite
ou crue? les rôtisseurs et les pâtissiers, en moins
d'une heure, vous arrangent un dîner, un souper pour dix, pour vingt, pour cent personnes ;
le rôtisseur vous donne la viande, le pâtissier
les pâtés, les tourtes, les entrées, les desserts ;
le cuisinier vous donne les gelées, les sauces,
les ragoûts. Cet art est si avancé à Paris qu'il y
a des cabaretiers qui vous donnent à manger
chez eux à tous les prix, pour un teston, pour
un écu, pour quatre, pour dix, pour vingt
même par personne, si vous le désirez. Mais
pour vingt écus, on vous donnera, j'espère, la
manne en potage ou le phénix rôti ; enfin tout
ce qu'il y a au monde de plus précieux[1]. »

Si l'on n'avait pas un ménage monté, et si

---

[1] *Relations des ambassadeurs vénitiens,* t. II. p. 569 et
601.

l'on hésitait à conduire ses hôtes chez le cabaretier, rien n'était plus facile que de leur offrir un dîner chez soi ou dans une maison particulière. Tout se louait, même les plus somptueuses demeures en l'absence de leur propriétaire. Aux noces de Jehan du Chesne, qui sont décrites dans le *Ménagier de Paris* [1], on loua pour une journée le célèbre hôtel de Beauvais; et le concierge avait si bien l'habitude d'en agir ainsi qu'il fournit également les objets les plus indispensables, tables, tréteaux, etc. « Les maisons de Paris, dit Lippomano [2], se louent presque toujours garnies, par jour ou par mois; car les concierges, qu'on pourrait appeler les fermiers des maisons et des palais, ne peuvent pas en disposer autrement, craignant toujours que leurs maîtres ne reviennent à la cour. Alors il faut dénicher tout de suite, principalement si c'est une maison de grand seigneur. Ainsi, Mgr Salviati, le nonce du pape, fut forcé de mon temps de déménager trois fois dans deux mois. »

Quand la Ville voulait donner une grande fête, elle s'y prenait à peu près comme aujour-

[1] Tome II, p. 146.
[2] Tome II, p. 609.

d'hui : elle s'adressait à un certain nombre d'industriels, qui se chargeaient de toutes les fournitures. Ainsi, au festin qu'elle offrit, le 14 juin 1549, à Catherine :

Pierre Santueil, potier d'étain, fournit le linge, la vaisselle commune et les ustensiles de cuisine.

Un orfévre, dont le nom n'est pas venu jusqu'à nous, fournit la vaisselle d'argent.

Un sieur Dymittre Paillelogue [1] fournit les fleurs, les parfums, les cure-dents, ainsi que l'eau de nèfles, de roses et de mélilot pour le lavage des mains.

Guillaume Pensier fournit tous les vins.

Jehan Langlois et Blaise de Sallebrusse, rôtisseurs, fournirent tous les mets.

Pierre Moreau, pâtissier, fournit les pâtés et les pâtisseries de dessert.

Pierre Siguier, « appoticaire et espicier », fournit les épices, l'hypocras, les dragées et les confitures.

Au nombre des *menus frais*, figurent le pain, le beurre, les légumes, les fruits, les fromages, les jonchées de fleurs, etc.

Enfin, Nicolas Comiers fournit dix joueurs

---

[1] *Sic.*

d'instruments, qui « jouèrent en la salle du festin [1] » .

C'est du seizième siècle seulement que date l'usage d'exiger des domestiques un livret. Aux termes de la Déclaration du 21 février 1565 [2], les gens qui voulaient entrer en service devaient « faire apparoir à leurs maistres par acte valable et authentique de quel part, maison et lieu, et pour quelle occasion ils sont sortis » . Ceux qui avaient déjà servi étaient tenus de produire « suffisante attestation de leurs premiers maistres de l'occasion pour laquelle ils sont sortis » . Défense très-expresse était faite d'accepter des domestiques sans certificat, et aussi de les congédier « sans leur bailler acte de l'occasion de leur congé » . Tout domestique trouvé sans certificat de ce genre était considéré comme vagabond.

Henri III semble n'avoir dédaigné qu'un seul vice, encore est-ce celui qu'on lui eût le plus volontiers pardonné, la gourmandise. La pénurie des finances y fut pour quelque chose; mais le roi savait bien se procurer de l'argent quand il y tenait; témoin le jour où il se ren-

---

[1] Compte original conservé aux archives. Voy. CIMBER et DANJOU, t. III, p. 447.

[2] Dans ISAMBÉRT, *Anciennes Lois françaises*, t. XIV, p. 179.

dit chez Jean de Vigni, receveur de la Ville, se fit ouvrir la caisse et s'empara du contenu [1]. Ce n'était pas la première fois qu'il agissait ainsi [2], et ce ne fut pas la dernière. Toutefois, dit Brantôme, « il se fit sur les maison et mangeailles force retranchemens; souvent la marmite se renversoit, et quelques fois se redressoit au mieux qu'elle pouvoit ». Le bruit ayant couru que Henri songeait à porter la guerre en Flandre, le roi d'Espagne ne fit qu'en rire, disant que quand on n'avait pas d'argent pour manger, il ne fallait pas songer à commencer une campagne [3].

Le fait est que tout allait à la diable dans le Louvre. En octobre 1582, il faut recommander aux cuisiniers de soigner davantage les repas du roi, de ne lui présenter que de la viande tendre, et de bien écumer le pot-au-feu : « Seront très soigneux les officiers de bien accoustrer la viande du Roy, et que l'on ne luy serve rien qui ne soit fort bon et bien tendre. Et que le maistre d'hostel luy demande tous les jours sy Sa Majesté est bien traictée. Les jours que le Roy mangera de la chair, aura son

---

[1] LESTOILE, *Journal de Henri III*, 1er septembre 1584.
[2] Voy. LESTOILE, 1er mars 1582.
[3] BRANTOME, t. III, p. 122 et 123.

bouillon le matin, bien cuit et bien consommé, et non si plein de gresse et clair, comme il est quelquefois [1]. » Non-seulement le roi mangeait mal, mais on ne balayait ni la salle où on le servait, ni les escaliers qui y conduisaient. Il ne pouvait même pas dîner tranquille ; on se pressait autour de lui ; on s'appuyait sur son siége, etc. : « Veult Sa Majesté, qu'Elle estant à table, l'on se tienne un peu loing d'Elle, afin qu'Elle ne soit pressée ; et que nul ne s'appuye sur sa chaire, que le capitaine des gardes qui sera en quartier. Lequel sera appuyé sur le costé droit de ladicte chaire, et un des gentilzhommes de la chambre, qui sera aussy en quartier, sur l'autre costé [2]... Sa Majesté désirant manger en repos et se garder de l'importunité qu'Elle reçoit durant ses repas, défend désormais qu'en ses disners et souppers personne ne parle à Elle que tout hault et de propos communs et dignes de la présence de Sadicte Majesté. Et se tiendra chacun qui y assistera assez loing de sa table : et s'il y a des barrières au lieu où Elle mangera, n'entrera en icelles [3]. »

---

[1] Règlement du 10 octobre 1582, dans DOUET-D'ARCQ, *Comptes de l'hôtel*, p. IX.

[2] Règlement d'août 1578, dans DOUET-D'ARCQ, p. VII.

[3] Règlement de janvier 1585, dans DOUET-D'ARCQ, p. VIII.

Henri IV se préoccupa de l'étiquette encore moins que son prédécesseur. Paris, sous son règne, eut à subir de nouveau bien des années de disette, et il les traversa avec son insouciance ordinaire. Lestoile écrivait dans un moment où le pain était hors de prix : « Ce pendant qu'on apportoit à tas de tous costés dans l'Hostel-Dieu les pauvres membres de Jésus-Christ, si seqs et atténués qu'ils n'y estoient pas plus tost entrés qu'ils ne rendissent l'esprit, on dansoit à Paris, on y mommoit. Les festins et banquets s'y faisoient à quarante cinq escus le plat, avec les collations magnifiques à trois services, où les dragées, confitures sèches et mascepans estoient si peu espargnés que les dames et damoiselles estoient contraintes s'en descharger sur les pages et les laquais, auxquels on les bailloit tous entiers[1]. »

Je regrette d'avoir à clore un chapitre par ce passage. Mais ma prédilection pour Paris et les Parisiens ne saurait me faire oublier qu'un historien, si humble soit-il, doit avant tout à ses lecteurs la vérité.

[1] *Journal de Henri IV*, 31 janvier 1596.

LES DIX-SEPTIÈME ET DIX-HUITIÈME SIÈCLES.

Henri IV, pendant ses luttes contre la Ligue, fut astreint à une frugalité dont il prenait gàiement son parti. Il était géné à ce point, dit le duc d'Angoulême [1], « que souvent sa table manquoit, et qu'il se trouvoit contraint d'aller manger chez quelqu'un de ses serviteurs, entre lesquels M. d'O le traitoit le mieux [2] ». Ce marquis d'O, voleur effronté, avait la surintendance des finances, et c'est avec les revenus de l'État qu'il traitait si bien son maître. Mais celui-ci ne pouvait jamais obtenir d'argent de son surintendant [3], qui écrasait le peuple d'impôts, menait une vie fastueuse, se faisait servir « des tourtes de vingt-cinq écus, com-

[1] Charles de Valois, fils naturel de Charles IX.
[2] *Mémoires*, édit. MICHAUD, t. XI; p. 81.
[3] *OEconomies royales*, édit. MICHAUD, t. XVI, p. 80.

posées de musque et d'ambre [1] », et qui finit
par mourir insolvable. Quant au Béarnais, il
n'était gourmand que par occasion. A une
bonne table il préférait les femmes et les
cartes, une nuit passée chez Zamet le bai-
gneur [2], ou une partie de reversis prolongée
jusqu'à minuit [3] : chacun son goût. Les femmes
l'eussent entraîné à de véritables folies, si la
nature prévoyante ne l'avait fait volage ; le jeu
l'exposait aux vertes réprimandes de Sully, à
qui il promettait sans cesse « de ne jouër plus
si gros jeu [4] ». Au reste, depuis son avénement au trône, Henri IV se conduisit en roi,
et prouva, écrit Brantôme [5], « qu'en France
on faict tousjours bonne chère ». Toutefois, il
ne se plaisait guère aux festins solennels, et
aimait fort les repas improvisés. Un matin, il
médite d'aller chercher lui-même son dîner.
Accompagné de quelques amis, il part de bonne
heure avec ses faucons. La chasse est heu-
reuse, le roi rentre au Louvre chargé de per-

---

[1] Lestoile, *Journal de Henri IV*, 24 octobre 1594.

[2] Sauval, *Antiquitez de Paris*, t. II, p. 146 et 245.

[3] Berger de Xivrey, *Lettres missives de Henri IV*, t. V, p. 508.

[4] *OEconomies royales*, édit. Petitot, 2e série, t. VIII, p. 11.

[5] Tome III, p. 123.

dreaux. Il monte à la grand'salle, et crie à
Coquet, son maître d'hôtel : « Coquet, Coquet,
vous ne devez pas nous plaindre un dîner, à
Roquelaure, Termes, Frontenac, Arambure et
moi, car nous apportons de quoi nous traiter.
Allez promptement faire mettre la broche ;
faites pour qu'il y en ait huit pour ma femme
et pour moi : Bonneval, que voilà, lui portera
les siens de ma part, et lui dira que je vais
boire à sa santé ; mais je veux qu'on garde
pour moi ceux qui sont un peu pincés de
l'oiseau, car il en a trois bien gros que je leur
ai ôtés, et auxquels ils n'avoient guère encore
touchés. » Pour compléter cette petite fête,
Parfait, officier de bouche et très-familier avec
Henri IV, arrive portant des melons, le fruit
préféré du roi : « Parfait commença à crier
par deux fois : Sire, embrassez-moi la cuisse [1],
car j'en ai quantité et de fort bons ! Voilà Parfait bien réjoui, dit le roi, cela lui fera faire
un doigt de lard sur les côtes. Je vois bien
qu'il m'apporte de bons melons, et j'en suis
bien aise, car j'en veux manger aujourd'hui
tout mon saoul. Ils ne me font jamais de mal

[1] Voy. dans cette collection : *les Soins de toilette*, *le Sa-
voir-vivre*, etc., p. 82.

quand ils sont fort bons, que je les mange
ayant grand'faim, et avant la viande, comme
l'ordonnent les médecins. Mais je veux que
vous quatre y ayez aussi part; c'est pourquoi
n'allez pas après les perdreaux que vous n'ayez
vos melons. Je vous les donnerai après que
j'aurai retenu la part de ma femme et la
mienne[1]. »

Avec sa passion pour le melon, fruit indigeste, le seul reproche grave que l'on puisse
adresser à ce bon roi, c'est d'avoir été le père
de Louis XIII; mais j'ai déjà dit qu'il n'avait
jamais été sérieux en amour. Tout au contraire, le seul mérite de Louis XIII est d'avoir
été le père de Louis XIV, et encore ce mérite,
après tout assez mince, lui a-t-il été contesté.
Ce pleutre, médisant, avare, sournois, cruel,
abruti par lui-même dès l'enfance, qui n'aima
ni le jeu, ni les femmes, ni la table, ni ses
amis, ni ses chiens, qui ne posséda même pas
l'appétit héréditaire des Bourbons, et dont on
disait qu'

> Il eut cent vertus de valet,
> Et pas une de maître,

---

[1] *Mémoires de Sully*, édit. de l'abbé DE L'ÉCLUSE, t. II,
p. 603. — En 1606, Henri IV s'invite à dîner à l'Arsenal.
Avant d'entrer chez Sully, il va faire un tour à la cuisine,

s'exerçait à tous les métiers. Il aimait à faire
la cuisine, lardait parfaitement, excellait dans
les confitures, réussissait très-bien les œufs
perdus, les œufs pochés au beurre noir, les
œufs durs au lard et les omelettes [1]. Il s'appliquait aussi au jardinage, et il obtint des pois
verts qu'il envoya vendre au marché : un courtisan, le financier Montauron, eut l'esprit de
les acheter [2]. Le médecin Héroard, qui nous a
laissé une minutieuse relation des faits et gestes
de son vilain maître, décrit ainsi une de ses
journées. Louis XIII avait alors vingt-huit ans
et assistait au siége de la Rochelle : « Éveillé
à six heures après minuit, doucement levé,
bon visage, gai, pissé jaune, assez peigné, vêtu.
Prié Dieu, altéré, ne veut point de bouillon,
prend son julep d'eau d'orge et du jus de
citron. Va à la messe, se va promener à pied à
la digue; revient à dix heures. Diné : deux
pommes cuites, chapon pour potage et pain
bouilli, veau bouilli, la moelle d'un os, potage
simple confit et jus de citron, hachis de chapon

---

passe en revue les poissons et les ragoûts, mange quelques
huîtres et boit un verre de vin d'Arbois. *OEconomies royales*,
éd. MICHAUD, t. XVII, p. 134.

[1] Voy. le *Journal d'*HÉROARD, t. II, p. 161, 200, 243, etc.

[2] TALLEMANT DES RÉAUX, t. II, p. 245 et 246.

avec pain émié, gelée, le dedans d'une tarte à
la pomme, une poire confite, trois cornets
d'oublies, pain assez; bu du vin clairet fort
trempé; dragée de fenouil. Va à sa chambre,
et à midi à pied à la Malmète; revient à quatre
heures, va à son cabinet. A six heures, soupe :
potage et hachis de chapon avec jus de veau,
potage confit avec jus de veau, veau bouilli,
la moelle d'un os, les pilons[1]. »

Louis XIV ne se serait pas contenté d'un
pareil menu.

Si j'ose m'exprimer ainsi en parlant d'un
si grand roi et qui mangea si longtemps avec
ses doigts[2], Louis XIV était ce qu'on appelle
aujourd'hui une belle fourchette. N'entendant
rien à la cuisine, raillant avec raison Marie-
Thérèse, sa femme, qui grignotait toute la
journée[3], il ne prenait rien entre ses repas,
« rien, pas même un fruit; mais il s'amusoit

---

[1] *Journal*, t. II, p. 316.

[2] On mangea la viande avec les doigts jusque vers le
milieu du dix-septième siècle. Quant à la soupe et autres
aliments liquides, chaque convive puisait à son tour dans
le plat avec sa cuiller, comme font les soldats autour de la
gamelle. Mais je dois réserver la preuve de ces faits pour le
volume consacré aux *Repas*; sur bien des points, il servira
de complément à celui-ci.

[3] *Lettres de la princesse palatine*, t. I, p. 281, et t. II,
p. 146.

à voir manger, et manger à en crever[1] ».
Lui-même dévorait en vrai glouton. La princesse palatine nous dit qu'elle l'a vu souvent
« manger quatre pleines assiettes de soupes
diverses, un faisan entier, une perdrix, une
grande assiette de salade, deux grandes tranches de jambon, du mouton au jus et à l'ail,
une assiette de pâtisserie, et puis encore du
fruit et des œufs durs [2] ». Il tenait de sa
mère cet appétit prodigieux[3] et toujours en
éveil. « Aux premières cuillerées de potage,
l'appétit s'ouvroit, et il mangeoit si prodigieu-
sement et si solidement soir et matin, et si également encore qu'on ne s'accoutumoit point à
le voir[4]. » Un vendredi du mois de juin 1708,
étant indisposé, fatigué, abattu au point qu'il
ne put faire maigre, « il voulut bien qu'on ne
lui servît à dîner que des croûtes[5], un potage

---

[1] SAINT-SIMON, *Mémoires*, t. XII, p. 130. Voy. aussi
t. XI, p. 386.

[2] *Lettres de la princesse palatine*, 5 décembre 1718, t. II,
p. 37.

[3] *Ibid.*, 16 avril 1718, t. I, p. 393.

[4] SAINT-SIMON, t. XI, p. 387.

[5] Les croûtes se servaient ordinairement après le potage.
Il y avait des croûtes à la purée, aux lentilles, aux écrevisses, aux moules, aux truffes, aux pointes d'asperges, au
jus de perdrix, au parmesan, aux champignons, aux mousserons, etc.

aux pigeons et trois poulets rôtis ; le soir, il prit du bouillon avec du pain et point de viande ». Cela passa mal, de sorte que le lendemain, son état empirant, on ne lui donna encore que « des croûtes, un potage avec une volaille et trois poulets rôtis, dont il mangea, comme le vendredi, quatre ailes, les blancs et une cuisse[1] ». C'était là pour lui un menu de malade, et à vrai dire il ne cessa guère de l'être après qu'il eut passé quarante ans.

L'estomac n'est pas courtisan. On a beau s'appeler Louis XIV, quand on se bourre de nourriture, qu'on a de mauvaises dents et qu'on ne prend pas le temps de mâcher, il faut souvent avoir recours au médecin. Fallot, Daquin et Fagon ont successivement tenu de la santé de leur royal client un journal bien curieux, bien humiliant surtout pour un si puissant roi. C'est que le Louis XIV des médecins n'est pas le Louis XIV de l'histoire officielle ; ce n'est pas le brillant cavalier si aimé des dames, l'auguste souverain dont toute la personne revêt une incomparable majesté[2], et dont personne ne peut supporter le regard. Ce

---

[1] *Journal de la santé de Louis XIV*, p. 304.

[2] « Une majesté effrayante », dit SAINT-SIMON, t. I, p. 20.

fut d'abord un jeune homme faible, malsain,
lymphatique, valétudinaire avant l'âge; puis,
bientôt après, un vieillard morose, sujet aux
vertiges et aux indigestions, tourmenté par les
rhumatismes, la gravelle, la goutte, la fièvre,
les catarrhes, abreuvé de tristesses, de chagrins
et de dégoûts. A cet égard, nul homme ne fut
plus homme.

Malgré tout, dans ces grands appartements
de Versailles, où le vieux roi, sans cesse médi-
camenté, saigné et purgé, gèle en face de la
Maintenon, il reste esclave de l'étiquette. En
public il ne fléchit pas un instant sous ce
poids écrasant; il impose jusqu'à la fin le respect et l'obéissance passive. On devroit servir Dieu comme on sert le roi, écrit madame
de Sévigné[1]; et, presque mourant, il soutient
encore de ses mains débiles tout l'appareil du
pouvoir absolu qui va disparaître avec lui.

« Etre heureux comme un roi », dit le peuple hébété;
Hélas! pour le bonheur, que fait la majesté[2]?

Mais aux yeux de la cour, Louis XIV n'est
plus un être humain; c'est un monument im-

---

[1] *Lettre* du 2 août 1689, t. IX, p. 147.
[2] VOLTAIRE, *Discours sur l'inégalité des conditions,* édit.
BEUCHOT, t. XII, p. 46.

muable dans sa grandeur, qui personnifie la royauté, et qui semble devoir rester debout toujours. « Me croyiez-vous donc immortel ? » dit-il au dernier moment à ceux qui pleuraient autour de lui[1] ; et Chamfort[2] nous a conservé cette exclamation naïve d'un courtisan : « Après la mort du roi, on peut tout croire ! » Pas moins, quand on ouvrit le corps de ce demi-dieu, « son estomac surtout étonna, et ses boyaux par leur volume et leur étendue au double de l'ordinaire, d'où lui vint d'être si grand mangeur et si égal[3] ».

Sous le règne d'un prince aussi bien doué du côté des voies digestives, la cuisine ne pouvait manquer d'être en honneur. Parmi les événements importants accomplis durant cette période, je parle de ceux que les historiens dits graves dédaignent de recueillir, figure l'emploi devenu presque général de la fourchette ; il faut y joindre de très-réels progrès dans l'art qui devait deux siècles plus tard illustrer Carême. En 1652, mademoiselle de Montpensier donna un festin composé de cinq services, et dans lequel on ne servit que du bœuf,

---

[1] Duclos, *Mémoires*, édit. Petitot, t. LXXVI, p. 157.
[2] *Caractères*, édit. Stahl, p. 133.
[3] Saint-Simon, t. XI, p. 387.

ce qui prouve qu'il y avait déjà bien des manières de l'appréter. S'il faut en croire Loret, historiographe de ce repas [1], les invités se retirèrent satisfaits. On leur offrit seulement, dit-il, du bœuf

> Dont par de rares artifices
> On fit quatre ou cinq beaux services
> (A ce que dizent gens loyaux),
> Langues, poitrines, alloyaux,
> Rôty, boüilly, capilotades,
> Tourtes, pâtez et carbonnades,
> Et tout si bien assaizonné
> Que chacun dit : J'ay bien diné.

Aurions-nous dit comme chacun? C'est douteux. Quoiqu'on fût loin des affreux ragoûts du quatorzième siècle, les cuisiniers n'avaient pas rompu avec toutes les traditions de cette époque de barbarie culinaire. On continuait, par exemple, à empiler sur le même plat un répugnant mélange de viandes disparates. Une ordonnance somptuaire, rendue en janvier 1629, défend « de mettre plus de six pièces au plat [2] ». Au banquet donné par La Bazinière en 1657,

> Sur tout les doüillets cailleteaux
> Et les ravissans phaisanteaux

---

[1] *Muze historique,* n° du 19 octobre 1652.
[2] Voy. DELAMARRE, *Traité de la police,* t. I, p. 432.

Y provoquoyent en pyramides
Les banquetans les moins avides [1].

Si l'on s'était borné à réunir des cailles et des faisans, le mal n'eût pas encore été bien grand; mais lisez la troisième satire de Boileau [2], composée en 1665 :

J'allois enfin sortir quand le rôt [3] a paru.
Sur un lièvre flanqué de six poulets étiques
S'élevoient trois lapins, animaux domestiques,
Qui, dès leur tendre enfance élevés dans Paris,
Sentoient encor le chou dont ils furent nourris.
Autour de cet amas de viandes entassées
Régnoit un long cordon d'alouettes pressées,
Et sur les bords du plat six pigeons étalés
Présentoient pour renfort leurs squelettes brûlés.

Toutes ces bêtes, bien étonnées de se rencontrer côte à côte, étaient restées beaucoup trop longtemps à la broche. On exagérait plus encore le temps accordé aux bouillis. Dans une immense marmite, on entassait des chapons,

---

[1] *Muze royale*, nº du 25 juin 1657.

[2] Vers 88 à 96.

[3] Lorsque Boileau travaillait à cette satire, il demanda à M. du Broussin s'il fallait dire le *rôt* ou le *rôti*. Il lui fut répondu qu'on pouvait employer l'une ou l'autre expression, mais que *rôt* était *plus noble*. (Voy. l'édit. donnée par de Saint-Marc, t. I, p. 58.) — On aurait pu ajouter que les deux mots n'étaient pas toujours synonymes : *rôti* se disait seulement des viandes rôties, tandis que *rôt* désignait dans les grandes maisons le service gras ou maigre qui succédait aux entrées.

des perdrix, des canards, des dindonneaux, des cailles, des pigeons, qu'on laissait cuire pendant dix ou douze heures, mêlés à une foule de substances aromatiques, muscade, gingembre, poivre, thym, etc. C'est ainsi, d'ailleurs, que se confectionnait l'*oille*, mets célèbre, dont la recette fut rapportée d'Espagne par Asmach, cuisinier de Philippe V.

On abusait des épices un peu moins qu'aux siècles précédents ; mais la fureur des parfums qui empoisonna la cour depuis le seizième siècle jusqu'au milieu du règne de Louis XIV, ne respecta même pas les ragoûts, les pâtisseries, les liqueurs, etc. On y mêlait de l'iris, de l'eau de roses, de la marjolaine, et le cuisinier devait avoir toujours sous la main le musc et l'ambre [1]. Les cerneaux se mangeaient à l'eau de roses [2]. On *panait* les rôtis en les couvrant de poudres odoriférantes. Les nulles, sorte de crème [3], se servaient ambrées et mus-

---

[1] « Pour préparer votre musc comme il faut, mettés le dans un petit mortier de fonte, pilés le avec un pilon de semblable matière, meslés y un peu de sucre en poudre, et après que le tout sera bien broyé ensemble, serrés le dans du papier pour vous en servir au besoin. Vous pouvez préparer l'ambre de la mesme façon, et mesme les mesler ensemble. » LAVARENNE, *le Parfaict Confiturier*, p. 131.

[2] N. DE BONNEFONS, *les Délices de la campagne*, p. 162.

[3] Voy. ci-dessous, p. 159.

quées[1], aussi bien que le rossolis, l'hypocras, le populo et beaucoup d'autres liqueurs[2]. On parfumait la langue de porc grillée[3]. On faisait des petits pâtés[4] et des tourtes[5] au musc. Les confitures[6], les pralines et les massepains[7] étaient aussi toujours musqués. On arrosait les rissoles, les beignets et les œufs avec des eaux de senteur[8]. Quand on faisait rôtir un maquereau, on l'enveloppait de fenouil vert, qui lui transmettait son parfum[9]. On engraissait les chapons avec des dragées musquées, afin de communiquer cette odeur à leur chair[10]. On allait même jusqu'à saupoudrer certains mets avec de la suie[11]. On abusait surtout de

---

[1] LAVARENNE, *le Cuisinier françois*, p. 109. — N. DE BONNEFONS, p. 182.

[2] P. DAVID, *le Maistre d'hostel*, p. 133. — *Nouvelle Instruction pour les confitures*, p. 336. — LAVARENNE, *le Parfaict Confiturier*, p. 115.

[3] LAVARENNE, *le Cuisinier françois*, p. 105.

[4] BRANTOME, t. II, p. 249.

[5] LAVARENNÉ, *le Cuisinier*, p. 260.

[6] ARTUS D'EMBRY, *Relation de l'isle des Hermaphrodites*, p. 108.

[7] LAVARENNE, *le Parfaict Confiturier*, p. 127.

[8] LAVARENNE, *le Cuisinier*, p. 101 et suiv.

[9] N. de BONNEFONS, p. 355.

[10] Olivier DE SERRES, *Théâtre d'agriculture*, édit. de 1646, p. 327.

[11] LAVARENNE, *le Cuisinier*, p. 104.

l'ambre, qui passait pour aphrodisiaque [1]. La *Muze royale* mentionne encore :

> . . . . les potages de prix,
> Où ne manquoit point l'ambre gris [2].

Le maréchal de Richelieu, de galante mémoire, mâchait sans cesse des pastilles ambrées; et ce parfum a trouvé grâce même devant Brillat-Savarin [3].

A dater du dix-septième siècle, l'art culinaire fut exposé d'une façon claire et précise. Des livres de cuisine vraiment sérieux apparaissent alors, et le succès qu'ils obtiennent est dû autant au mérite de l'auteur qu'à l'opportunité de la publication. Le premier qu'il faille citer fut composé par un sieur François-Pierre de Lavarenne, écuyer de cuisine [4] du marquis d'Uxelles. Il le publia en 1651, et en donna dans le cours de l'année 1653 une deuxième édition plus complète, sous ce titre : LE CUISINIER FRANÇOIS, *enseignant la manière de bien apprester et assaisonner toutes sortes de viandes grasses et maigres, légumes, patisseries, etc. Reveu, corrigé et augmenté d'un traitté de confi-*

[1] BRANTOME, t. IX, p. 337.
[2] N° du 25 juin 1657.
[3] *Physiologie du goût*, Variétés, chap. v.
[4] Sur le sens de ce mot, voyez plus loin.

*tures seiches et liquides, et autres délicatesses de
bouche.* De 1651 à 1726, ce petit volume [1] fut
réimprimé au moins huit fois [2] et traduit au
moins en italien [3]. Les premières éditions sont
le meilleur livre à consulter sur l'état de la
cuisine au milieu du dix-septième siècle, et
l'analyse que j'en vais donner prouve que les
contemporains de Mazarin n'en étaient pas
précisément réduits à manger toujours la même
chose. La recette de tous les mets mentionnés

[1] Lavarenne l'avait dédié à son maître Louis Châlon du
Blé, marquis d'Uxelles. « J'ay trouvé dans vostre maison,
dit-il, par un employ de dix ans entiers le secret d'apprester delicatement les viandes. J'ose dire que j'ay fait cette
profession avec grande approbation des Princes, des Mares-
chaux de France et d'une infinité de personnes de condition
qui ont chery vostre table dans Paris et dans les armées,
où vous avez forcé la Fortune d'accorder à vostre vertu des
charges dignes de vostre courage. Il me semble que le
public doit profiter de cette experience, afin qu'il vous doive
toute l'utilité qu'il en recevra. J'ay donc redigé par escrit ce
que j'ay mis si long-temps en pratique dans l'honneur de
vostre service, et en ay fait un petit livre qui porte le tiltre
d'Escuier de vostre cuisine. Mais comme tout ce qu'il con-
tient n'est qu'une leçon que le desir de vous complaire
m'a fait apprendre, je me suis imaginé qu'il devoit estre
honoré de vostre Nom, et que sans pecher contre mon
devoir, je ne luy devois point chercher un plus puissant
appuy que le vostre... »

[2] Voy. BRUNET, *Manuel du libraire*, t. III, p. 886.

[3] *Il cuoco francese, ove e insegnata la maniera di condire
ogni sorte di vivande... per il signor de la Varenne.*
Bologne, s. d., in-12.

ici se trouve dans le traité de Lavarenne, dont je cite la deuxième édition.

JOURS GRAS

Manière de faire le bouillon pour la nourriture de tous les pots.

POTAGES[1].

Bisque de pigeonneaux.	Potage de canards aux navets.
Potage de santé [2].	
— de perdrix aux choux.	— de poulets garny d'asperges.

[1] Le mot *potage* n'avait pas alors le même sens qu'aujourd'hui. On nommait ainsi de grands plats de viandes ou de poissons bouillis avec des légumes.

. . . . .Cependant on apporte un potage.
    Un coq y paraissoit en pompeux équipage.
              (Boileau, *Satire III*, vers 46.)

« Si c'est un potage de santé, et qu'on vous demande du chapon bouilly, qui est dessus... »
    (A. de Courtin, *Traité de la civilité*, p. 107.)
Lavarenne mentionne 123 potages. On en trouve 158 dans le traité de Pierre David, dont je parlerai plus loin.

[2] « Il se fait avec les meilleures parties du bœuf, qui est la poitrine, les bouts saigneux du mouton, les jarets de veau et la volaille de cour ou d'Inde. » N. de Bonnefons, p. 233.

Potage de perdrix mar-
    brées.
— de fricandeaux.
— de cailles[1] mar-
    brées.
— de ramiers garny.
— de profiteolles[2].
— à la reyne.
— à la princesse.
— à la Jacobine[3].
— d'estudeaux[4].
— de sarcelles à l'hy-
    pocras.
— d'alloüettes au
    roux.
— de pigeonneaux.

Potage de sarcelles au suc
    de navets.
— de béatilles[5].
— de poulets aux
    choux-fleurs.
— de poulets en ra-
    goust.
— de pigeonneaux
    rostis.
— d'oyson à la pu-
    rée.
— de petite oye[6]
    d'oyson.
— d'oysons aux pois.
— d'oye sallée à la
    purée.

[1] « Les auteurs ne sont pas bien d'accord sur l'usage des cailles. Les uns les estiment très-bonnes, les autres très-pernicieuses à la santé. » DELAMARRE, *Traité de la police*, t. II, p. 1391.

[2] Ou mieux *profiterole*. Potage fait de petits pains sans mie, séchés, mitonnés, arrosés de bouillon d'amandes, et garnis de crêtes de coq, truffes, champignons, etc. Voy. LAVARENNE, p. 8.

[3] Potage fait avec de la chair de perdrix ou de chapon désossés. On la hache bien menu dans du bouillon d'amandes, puis on verse le tout sur un lit de fromage. On jette dessus du bouillon dans lequel on a délayé trois œufs, et l'on passe la pelle rouge sur le tout. Voy. LAVARENNE, p. 9.

[4] Voy. ci-dessus, p. 69.

[5] « Béatilles sont crestes, roignons et aisles de pigeonneaux. » LAVARENNE, p. 92.

[6] D'abatis.

Potage de poulets aux pois verts [1].

— de pigeons aux pois verts [2].

— de sállé aux pois [3].

— de lapreaux.

— d'abatis d'agneaux.

— d'allöuettes à la saulce doulce.

— de jaret de veau.

Potage de poictrine de veau.

— de moviettes.

— de tortues.

— de cochon de laict.

— de mouton aché.

— de trumeau [4] de bœuf.

— de chapon au riz [5].

— de poulets au riz.

— de trumeau de bœuf au tailladin [6].

[1] « Vos poulets estans bien eschaudez et troussez, empotez-les avec bon bouillon, et les escumez bien. Puis passez vos pois par la poësle avec beurre ou lard, et les faites mitonner avec des laictues que vous aurez fait blanchir (c'est les mettre dans l'eau fraische). Faites aussi mitonner vostre pain, et ensuite le garnissez de vos poulets, pois et laictues, puis servez. » LAVARENNE, p. 14.

[2] « Il se fait de mesme que celuy des poulets, hormis que si vous voulez, vous pouvez ne point passer vos pois en purée. » LAVARENNE, p. 15.

[3] « Faites bien cuire vostre sallé, soit porc ou oye ou autre chose, dressez et jettez vostre purée par-dessus, puis servez. » LAVARENNE, p. 15.

[4] Le jarret.

[5] « Prenez un chapon, habillez-le bien, et l'empotez avec bon bouillon bien assaisonné. Prenez vostre riz bien épluché, lavez le et le faites sécher devant le feu ; puis faites le cuire avec bon bouillon peu à peu. Faites mitonner vostre pain, mettez dessus vostre chapon, et le garnissez de vostre riz ; si vous voulez, mettez-y du safran et servez. » LAVARENNE, p. 18.

[6] « Tailladins sont morceaux de pain de la longueur et grosseur d'un doigt, passez et rostis dans la poesle avec beurre ou lard. » LAVARENNE, p. 19.

Potage de marmitte.

— de teste de veau frite.

— de mouton frit aux navets.

— de manches d'es-

paules en ragoust.

Potage de beccasses ros-ties[1].

Demie bisque.

Potage à la Jacobine au fromage [2].

POTAGES FARCIS.

Potage de chapons farcis.

— d'estudeaux de-sossez farcis.

— de poulets farcis.

— de pigeonneaux farcis.

— de canards farcis.

— de jarets de veau farcis.

— de poitrine de veau farcie.

Potage de teste de veau désossée farcie.

— de testes d'agneaux désossées farcies.

— de membre de mou-ton farcy.

— d'oysons farcis.

— de perdrix désos-sées.

— de poulet d'Inde farcy.

ENTRÉES.

Poulets d'Inde[3] à la framboise.

Membre de mouton à la cardinale.

---

[1] « Estans rosties, empotez-les avec bon bouillon et un bouquet, et faites-les bien cuire. Faites après mitonner vostre pain et le garnissez de vos bécasses et de tout ce que vous aurez, puis servez. » LAVARENNE, p. 21.

[2] « Prenez chapon garny de ses os appropriez, comme aisles et cuisses, et du fromage dont vous ferez autant de lits que de chair, et vous arrouserez le tout de bouillon d'amandes. Faites mitonner vostre pain, que pouvez garnir de pistaches, citrons ou grenades, puis servez. » LAVARENNE, p. 21.

[3] Voy. ci-dessus, p. 69. — Le dix-septième siècle ne

Jarets de veau à l'épi-gramme.

Longe de veau à la marinade.

Canards en ragoust.

Pigeonneaux en ragoust.

Poulardes en ragoust.

Boudin blanc.

Saucisses de blanc de perdrix.

Andoüilles.

Servelats.

Poulets marinez.

Manches d'espaule à l'olivier.

Pièce de bœuf à l'an-gloise, ou chalomnoise.

Poitrine de veau à l'estoffade.

Perdrix en ragoust.

Langue de bœuf en ragoust.

Langue de porc en ragoust.

Langue de mouton en ragoust [1].

Queuë de mouton en ragoust.

Membre de mouton à la daube.

Poulet d'Inde à la daube.

Civé de lièvre [2].

rendait pas bonne justice au dindon. On lit dans une comédie publiée en 1665 :

VALÈRE.

...Les cocqs-daindes sont des ortolans bourgeois.

CLIDAMANT.

Ce sont des ortolans où l'on a de quoy mordre.

LÉANDRE.

Les bourgeois seulement qui sont du dernier ordre
En mangent aujourd'huy...

(*Les Costeaux ou les Marquis frians*, sc. xi.)

Pour Brillat-Savarin, « le dindon est certainement un des plus beaux cadeaux que le nouveau monde ait fait à l'ancien ». (*Méditation* vi.)

1 « La langue est très-délicate, et elle peut estre servie devant les personnes de toutes sortes de conditions. » BONNEFONS, p. 293.

2 « Prenez un lièvre, découpez-le par morceaux, l'empotez avec du bouillon, le faites bien cuire et l'assaisonnez

Poitrine de mouton en aricot.

Agneau en ragoust.

Haut costé de veau en ragoust.

Pièce de bœuf à la daube.

Membre de mouton à la logate.

Pièce de bœuf à la marotte.

Queuë de mouton rostie.

Pièce de bœuf et queuë de mouton au naturel.

Cochon à la daube.

Oye à la daube.

Oye en ragoust.

Sarcelles en ragoust.

Pouletsd'Indeenragoust.

Cochon en ragoust.

Longe de veau en ragoust.

Allouettes en ragoust.

Foye de veau fricassé.

Pieds de veau et de mouton [1] en ragoust.

Gras double en ragoust.

Poulets fricassez [2].

Pigeonneaux fricassez.

Fricandeaux.

Fricassée de veau.

Ruelle de veau en ragoust.

Espaule de veau en ragoust.

Espaule de mouton en ragoust.

Poitrine de veau fritte.

d'un bouquet. Estant à moitié cuit, mettez-y un peu de vin, et y passez un peu de farine, avec un oignon et fort peu de vinaigre. Servez à sauce verte et promptement. » LAVARENNE, p. 41.

[1] Henri Estienne dit qu'avant le seizième siècle, on jetait les pieds de veau et de mouton, les oreilles et la peau du cochon de lait, le foie des chapons et les abatis de l'oie. *Apologie pour Hérodote,* ch. XXVIII; t. II, p. 129.

[2] Vers la fin du dix-septième siècle, la fricassée de poulets était regardée comme un mets très-peu distingué. En 1682, Lauzun reprocha à mademoiselle de Montpensier d'avoir fait construire le château de Choisy. Irrité de n'avoir pu s'emparer de l'argent que cette demeure avait coûté, il lui dit : « Voilà un bâtiment bien inutile; il ne falloit qu'une petite maison à venir manger une fricassée de poulets. » *Mémoires de Montpensier,* édit. MICHAUD, t. XXVIII, p. 569.

Longe de chevreuil [1] en ragoust.

Costelettes de mouton en ragoust.

Bœuf à la mode [2].

Bœuf à l'estoffade.

Lapreaux en ragoust.

Longe de porc à la sauce Robert.

Perdrix à l'estoffade [3].

Chapon aux huistres.

Allebrans [4] en ragoust.

Langue de mouton en ragoust.

Foye de veau en ragoust.

Poulets à l'estuvée.

Teste de veau fritte.

Foye de veau picqué.

Abbatis de poulets d'Inde.

Espaule de sanglier en ragoust.

Cuisseaux de chevreuil.

Cochon farcy.

Pieds de veau fricassez.

Langues de mouton rosties.

Achis [5] de viande rostie.

Attereaux [6].

---

1 « Les médecins disent que les agitations continuelles de cet animal, sa légèreté et sa gayeté purifient ses chairs de toutes superfluitez, les subtilisent, et les rendent d'une facile digestion et d'un bon suc. » DELAMARRE, t. II, p. 1365.

2 « Battez-le bien et le lardez avec de gros lard, puis le mettez cuire dans un pot avec bon bouillon, un bouquet et toutes sortes d'espices. Et le tout estant bien consommé, servez avec la sauce. » LAVARENNE, p. 52.

3 « Prenez vos perdrix et les lardez de gros lard, et les passez par la poësle avec beurre ou lard fondu. Estant bien rousses, empotez-les avec bon bouillon et les faites cuire bien assaisonnées. Pour la garniture, vous aurez troufles (truffes), champignons, asperges fricassées, avec quoy vous les ferez mitonner. Servés avec citron et pistaches. Si la sauce n'est assez liée, prenez un peu de farine ou de vos liaisons, et ne la liez pas trop, crainte qu'elle ne soit trop espaisse. » LAVARENNE, p. 52.

4 Canards sauvages.

5 Hachis.

6 Ou mieux hâtereaux. — « Prenez une ruelle de veau, le coupez par tranches fort déliées aux endroits où il n'y a point

Achis de viande cruë.
Poupeton [1].
Tourte de lard.
— de moëlle.
— de pigeonneaux.
— de veau.
Pasté de chapon désossé.
— de gaudiveau.
— d'assiette.

Pasté à la marotte.
— à l'angloise.
— à la cardinale.
Poulet en ragoust dans une bouteille.
Toutes sortes d'autres viandes se peuvent mettre en ragoust, comme bœuf, mouton, agneau, porc.

SECOND SERVICE.

Avant de discourir sur la façon d'apprester les viandes, je vous donne advis de garnir vos plats de fleurs, selon les saisons et la commodité.

Faisans [2].
Genillottes [3].

Rouges [4].
Tourtes [5].

de filets. Faites picquer vos tranches de lardons, et les mettez cuire dans une tourtière couverte, puis avec un peu de bouillon faites-les mitonner; liez votre sauce, et les servez garnies. » LAVARENNE, p. 60.

[1] Ris de veau, asperges, champignons, artichauts, crêtes cuits avec un hachis de bœuf ou de mouton. Voy. LAVARENNE, p. 61.

[2] « Faites-le blanchir sur le feu, c'est-à-dire refaire sur le gril, et luy laissez une aisle, le col, la teste et la queuë. Picquez-le de lardons, et enveloppez ce qui est de plume avec du papier beurré. Faites-le cuire, et servez. » LAVARENNE, p. 68.

[3] Gélinottes. — « Il est difficile d'en avoir, car la plûpart de celles qui sont apportées à Paris sont enlevées par les pourvoyeurs des maisons royales ou de celles des princes. » DELAMARRE, t. II, p. 1377.

[4] C'est le canard dit *souchet*.

[5] Voy. ci-dessus, p. 74.

Levrauts.

Cailles.

Perdrix.

Chapons.

Pigeonneaux rostis.

Poulets de grain.

Poulets d'Inde.

Allebrans.

Bizets [1].

Estudeaux.

Aigneaux.

Sarcelles.

Oyson.

Marcassin.

Lapreaux.

Mauviettes.

Ralles [2].

Perdreaux.

Cailleteaux.

Dindonneaux.

Pluvier [3].

Longe de cerf.

Filet de cerf [4].

Longe de chevreuil [5].

Ortolans.

Grives.

Beccasses [6].

Beccassines.

Pigeons ramiers.

Longe de veau.

Cochon picqué.

Oye sauvage.

Oye privée.

Poulette d'eau.

Chapon au cresson.

Cochon de lait au naturel [7].

[1] Sorte de pigeon.

[2] Râles.

[3] « Manger très-délicat et très-délicieux. L'on en sert dans les grands repas d'hiver et sur les meilleures tables. » DELAMARRE, t. II, p. 1398.

[4] Le cerf et la biche se mangeaient en ragoût, rôtis et en civet. Le potage de jarret de cerf était fort estimé. Voy. P. DAVID, p. 4, 7 et 211.

[5] Le chevreuil se mangeait rôti, en ragoût, en omelette, etc.

[6] « Il y en a beaucoup en Normandie, et c'est de là principalement que l'on en apporte pour les provisions de Paris. » DELAMARRE, t. II, p. 1397.

[7] Dans le cochon de lait, on estimait surtout alors la peau et les oreilles. Br. CHAMPIER, p. 688. — Voy. ci-dessus, p. 137.

Cus blancs ou thias-tias [1].

Héron [2].

Rablé de lièvre.

Espaule ou longe de san-glier.

Porc privé.

Faon de biche [3].

Faon de chevreuil.

Filet de chevreuil [4].

Poitrine de veau farcie.

Haut costé de mouton.

Longe de mouton.

Alloyau.

Langue de bœuf fraische.

Membre de mouton à la royalle.

Membre de mouton farcy.

Poularde grasse.

Batteurs de pavé.

Espaule de veau rostie.

Foye de veau.

Alloüettes.

Canard sauvage.

SAUCES.

Sauce poivrade [5].

Sauce verte [6].

---

[1] Oiseaux qui ressemblent au rossignol et se nourrissent comme lui, « mais ne sçavent point chanter ». BELON, *Nature des oyseaux*, p. 353. Voy. aussi p. 358.

[2] Voy. ci-dessus, p. 73. — On le servait avec sa tête et son cou, que l'on protégeait pendant la cuisson en les enveloppant dans du papier beurré. Voy. LAVARENNE, p. 76.

[3] « Prenez garde de brusler la teste ou que le poil n'en devienne noir ; enveloppez la teste avec un papier beurré. » LAVARENNE, p. 77.

[4] « Vous le pouvez larder avec du moyen lard, et le picquer par dessus de plus petits lardons. Estant à la broche, faites une marinade par dessous; et lors qu'il sera cuit, faites-le mitonner, et servez. » LAVARENNE, p. 78.

[5] Prenez « vinaigre, sel, oignon ou ciboule, écorce d'orange ou de citron, poivre. Faites cuire et servez sous vos viandes. » LAVARENNE, p. 64.

[6] « Prenez du bled verd, faites brusler une rostie de pain avec du vinaigre, un peu de poivre et de sel; pilez le tout dans un mortier et le passez dans un linge. » LAVARENNE, p. 64.

Sauce pour les lapreaux et lapins.

Sauce pour les mauviettes et les rasles.

Sauce pour les perdreaux.

Sauce pour les pluviers.

ENTREMETS.

Oreilles et pieds de porc.

Menus droits[1] de cerf.

Pasté de venaison.

— de jambon.

Troufles[2] en ragoust.

— sèches.

— au naturel[3].

Omelettes de béatilles.

Riz de veau frits.

Riz de veau picquez.

Riz de veau en ragoust.

Foye de chevreuil.

Foye de chèvreuil en omelette.

Tetine de vache.

Choux-fleurs.

Cresme de pistache.

Jambon en ragoust.

— rosty.

— en tranche.

Mauviettes.

Poulets marinez.

Abbatis d'agneau[4] en ragoust.

---

[1] On nomme ainsi, en terme de vénerie, la langue, le mufle et les oreilles du cerf. DELAMARRE, t. II, p. 1365.

[2] L'usage de les faire découvrir par des porcs muselés était encore récent au seizième siècle, *inventum novitium est*, dit BR. CHAMPIER, p. 544. — Lemery écrivait en 1705 : « Il se trouve des chiens qui les découvrent aussi bien que les cochons. Plusieurs païsans, dans les lieux où viennent les truffes, se sont instruits par une longue habitude à connaître les endroits où elles sont cachées, » *Traité des aliments*, p. 160.

[3] « Estans bien lavées avec du vin, faites-les cuire avec sel et poivre ; puis estans bien cuites, servez-les dans une serviette pliée ou sur un plat garny de fleurs. » LAVARENNE, p. 92.

[4] Ce sont les pieds, les oreilles et la langue. LAVARENNE, p. 97.

Alloüettes en ragoust.

Gelée[1].

Gelée de corne de cerf[2].

Gelée verte.

— rouge.

— jaune.

— violette.

— bleue.

Blanc manger.

Salade de citron.

Achis de perdrix.

Rissolles frittes.

Rissoles feuilletées.

Baignets de moëlle.

— de pomme.

— d'artichaux.

Pets de put..n [3].

Pasté filée.

— de citrons.

— d'amandes.

— de pistaches [4].

Ramequin[5] de roignons.

— de chair.

— de fromage.

[1] Faite avec un coq, des pieds et un jarret de veau.

[2] Au seizième siècle, les bois de cerf coupés par tranches et frits passaient pour un régal de roi : *Regum is cibus habetur*, dit Br. Champier, p. 712. — Au dix-huitième siècle, « les cornes de cerf nouvellement nées » étaient encore regardées comme « un manger très-délicat ». Lemery, p. 225 et 263. — Les cuisiniers achetaient la corne de cerf chez les épiciers et les couteliers. Voy. Lavarenne, p. 98.

[3] « Faites vostre paste de baignets plus forte qu'à l'ordinaire par l'augmentation de farine et d'œufs, puis les tirez fort menus, et lorsqu'ils seront cuits, servez-les chauds, avec sucre et eau de senteur. » Lavarenne, p. 102.

Bonnefons ne mentionne pas ces beignets. Mais, en revanche, il nous donne la recette des *gasteaux ver.lez.* Sur une pâte de brioche, on mettait « de petits loppins de formage fin et de beurre ». Voy. p. 32.

[4] « Les pistaches sont salutaires aux personnes atténuées de maigreur ou de foiblesse; elles sont utiles contre la morsure des serpens, soit qu'on les mange en substance, soit que l'on boive le vin où elles auront été infusées. » Delamarre, t. III, p. 375.

[5] Tous les ramequins consistaient essentiellement en une rôtie ou tranche de pain grillée.

Ramequin de suye de cheminée [1].
— d'oygnon.
— d'aulx.
Ortolans [2] en ragoust.
Langue de porc en ragoust
Langue de porc parfumée.
Langue de porc grillée en ragoust.
Langue de bœuf.
Pigeonneaux en ragoust.
Foye gras en ragoust.
— sur le gril.
— cuit sous la cendre [3].
— frit en baignets.

Béatilles en ragoust.
Tourte de franchipanne.
Nulle [4].
— ambrée.
— verte.
Artichaux [5] fricassez.
— frits.
— à la poivrade [6].
— en cus.
Champignons en ragoust.
— farcis.
— frits.
— à l'olivier.
Omelette de jambon.
Tortües [7].
Tourte de pistaches.

---

[1] On poudrait la rôtie avec de la suie.

[2] « Comme ils nous viennent des provinces éloignées, ils sont toûjours fort rares et fort chers. » DELAMARRE, t. II, p. 1399.

[3] On l'enveloppait dans quatre ou cinq feuilles de papier, et on le mettait cuire dans les cendres. LAVARENNE, p 107.

[4] Voy. ci-dessous, p. 159.

[5] « Ils sont amis de l'estomach, entretiennent l'appétit et le rétablissent s'il est perdu; ils sont cordiaux, apéritifs, et purifient la masse du sang. » DELAMARRE, t. III, p. 347.

[6] « Coupez vos artichaux par quartiers, ostez-en le foin, et faites-les blanchir dans de l'eau bien fraische, et lors que vous voudrez servir, mettez-les sur un plat avec poivre et sel. » LAVARENNE, p. 110.

[7] « Le sang des tortues, tiré même étant vivantes, est froid, ainsi c'est un véritable poisson, et l'on en peut user les jours maigres sans scrupule. » DELAMARRE, t. II, p. 29.

OEufs à la portugaise.

— mignons.

— filez.

— à la Varenne.

— à la neige.

— à la huguenotte[1].

Cardons d'Espagne.

Asperges[2] à la sauce blanche.

— en ragoust.

— à la cresme[3].

Langue de mouton en ragoust.

— picquée.

— sur le gril.

Salade de grenade.

Hure de sanglier.

Tranche de hure en ragoust.

Poix verts.

Roignons de bélier.

Palets de bœuf.

Arbolade[4].

Grives.

Perdreaux.

Jambons de Mayence.

Liaison d'amandes.

— de champignons.

— de farine.

— de troufles.

Jus de champignons.

— de bœuf ou mouton.

Eau de poulet.

Panasde[5].

---

[1] « Si vous cassez des œufs dans du jus de gigot, et que vous les laissiez entiers ou que vous les brouilliez en cuisant, y mettant un peu de muscade, c'est ce que l'on appelle des œufs à la huguenotte. » N. DE BONNEFONS, p. 174.

[2] « Chacun convient que pour les manger bonnes, il les faut faire cuire promptement et peu. » DELAMARRE, t. III; p. 348.

[3] « Coupez les bien menuës et n'y laissez rien que le vert, fricassez les avec beurre ou lard fondu, persil et ciboule ; après cela, faites-les fort peu mitonner avec de la cresme bien fraische, et servez si vous voulez avec un peu de muscade. » LAVARENNE, p. 117.

[4] « Faites fondre peu de beurre, et prenez de la cresme, jaunes d'œufs, jus de poires, sucre et fort peu de sel ; faites cuire le tout ensemble ; estant cuit, sucrez avec eaux de fleurs, et servez verte. » LAVARENNE, p. 121.

[5] Panade. — « Prenez bon bouillon et mie de pain bien

PASTISSERIES.

Pasté de venaison.
— de membre de mouton.
— à l'angloise.
— de sanglier.
— de chapon.
— de poulet d'Inde.
— de gaudiveaux.
— de perdrix.
— de jambon.
— de poitrine de veau.
— d'assiette.
— à la cardinale.
— à la marotte.
— de lapreaux.
— d'alloüettes.

Pasté de veau.
— de cailles.
— de beccasses.
— de merles [1].
— de canards.
— de macreuse au lard.
— d'aigneau.
— de langues de mouton.
— de chevreau [2] chaud.
— d'oyson.
— de manches d'espaules.
Tourte de pigeonneaux [3].
— de lard.

déliée ; faites les bien bouillir ensemble, et sur la fin mettez-y jaunes d'œufs, fort peu de sel et jus de citron. » Lava-renne, p. 129.

[1] « Les merles produisent un bon suc, nourrissent beaucoup et se digèrent aisément quand ils sont jeunes. » Lemery, p. 323.

[2] Le dix-septième siècle estimait peu l'agneau, mais il avait une passion pour le chevreau. Certains rôtisseurs, dit Liébault, « subtilement entent la queuë d'un chevreau au quartier de l'agneau », afin de faire passer l'un pour l'autre. Maison rustique, édit. de 1698, p. 116. — « On le pique de menu lard, écrit Liger, on le mange à la sauce verte ou à l'orange, sel et poivre blanc, ou au vinaigre. » Nouvelle Maison rustique, édit. de 1749, t. II, p. 897.

[3] « Les pastez de requeste sont faits des abbatis de pigeonneaux, à sçavoir les aîles, testes et jusiers. » N. de Bonnefons, p. 257.

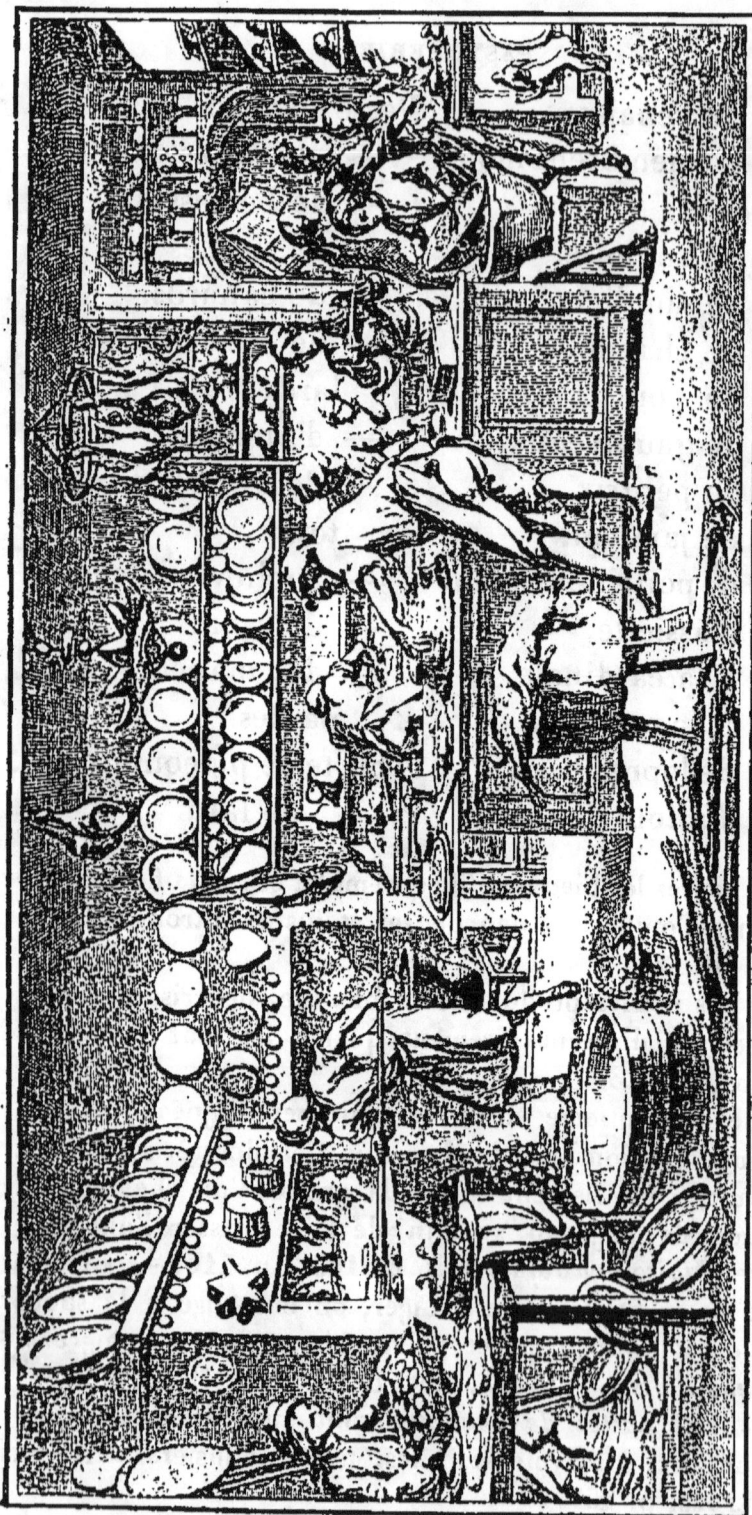

UNE PATISSERIE AU DIX-HUITIÈME SIÈCLE.

D'après l'Encyclopédie raisonnée.

Tourte de moëlle.
— de veau.
— de béatilles.
— de moineaux.
— d'alloüettes.
— de riz de veau.

Tourte de blanc de cha-
pon.

Vous pouvez faire vos
pastez de garde et que
vous voulez porter loin
avec farine de seigle[1].

JOURS MAIGRES

hors les temps de caresme.

POTAGES.

Potage aux herbes.
— d'escrevisses[2].
— de carpe.
— de tanches.
— de carpes farcies.
— de carpes rosties.
— à la reine.
— à la princesse.
— de tortuës.
— de champignons
farcis.
— de solles désossées.
— d'esperlans.

Potage d'asperges.
— d'attereaux de
poisson.
— de laictuës farcies.
— de choux au laict.
— de choux au pain
frit.
— de choux à la pu-
rée.
— de citrouille au
beurre.
— de citrouille au
laict.

[1] Lavarenne a soin de nous prévenir qu'il « ne donne
pas icy toutes les façons des pastisseries, mais seulement
une légère instruction de ce qui est le plus nécessaire ».

[2] « Il les faut chastrer, c'est-à-dire leur tirer un boyau
qui est dans la queuë, lequel tient à l'escaille du milieu du
bout de la queuë; après avoir esté tournée à demy, il faut
tirer, et le boyau vient au bout. » BONNEFONS, p. 341.

Potage de navets frits.
— de laict aux jaunes
d'œufs.
— de profiteolles.
— de poix verts.
— d'herbes sans
beurre.
— d'oygnon.
— de concombres far-
cis.
— de neige.
— de moulles [1].
— d'huistres.
— de grenots [2].
— de saumon.
— de grenouilles au
saffran.
— de son.
— d'oubelon [3].
— de framboises [4].
— de panets.
—. de poireaux.

Potage de macreuse far-
cie.
— de lottes.
— d'asperges rom-
puës.
— de choux fleurs.
— de fidelles.
— de riz.
— de tailladins [5].
— purée de poix
verts.
— purée de poix com-
muns.
— de macreuse aux
navets.
— de macreuse garny.
— de poireaux à la
purée.
— de limandes.
— aux herbes garny
de concombres.
— d'oygnons au laict.

[1] *Faire manger du potage aux moules* était un proverbe
qui signifiait *maltraiter une personne.* Voy. OUDIN, *Curio-*
sitez françoises.

[2] Voy. ci-dessus, p. 102.

[3] De houblon.

[4] « Delayez des œufs avec des framboises et passez le tout
ensemble. Faites bouillir du laict bien assaisonné de sel, et
lorsqu'il boult, jettez vostre appareil dedans, et le remuez
bien ; dressez-le, garnissez de framboises, et servez. » LAVA-
RENNE, p. 165.

[5] Voy. ci-dessus, p. 134.

Potage de losches[1].   Potage de champignons

— de vives.   farcis.

— de rougets.   — de laict d'amandes.

ENTRÉES.

Solles[2] en ragoust.   Carpe fritte en ragoust.

Brochet[3] en ragoust.   Carpe au demy court

Tanches[4] en ragoust.   bouillon.

— farcies en ra-   Achis[5] de carpes.

goust.   Bresme[6] en ragoust.

— frittes et mari-   Saumon en ragoust.

nées.   — à l'esteuvée.

Carpes à l'estuvée.   Truites[7] saumonnées.

Carpe farcie en ragoust.   Lottes[8] en ragoust.

---

[1] Voy. ci dessus, p. 77.

[2] « Il s'en prend beaucoup vers Boulogne-sur-Mer et Saint-Valeri, et c'est principalement de là que les chasse-marées en apportent à Paris. » DELAMARRE, t. III, p. 22.

[3] « Les œufs de ce poisson sont très-dangereux; c'est un purgatif violent. Il faut bien se donner de garde d'en manger. » DELAMARRE, t. III, p. 286.

[4] « C'est un mauvais aliment, difficile à digérer, qui produit un mauvais suc, et qui expose au danger de la fièvre. » DELAMARRE, t III, p. 289.

[5] Hachis.

[6] « Ce poisson est tant estimé en Auvergne, que l'on y dit en commun proverbe : *Qui a brame est en état de bien bramer ses amis,* c'est-à-dire de leur faire faire bonne chère. De même que les friands recherchent la queuë du brochet et la tête de la carpe, ils s'adressent toujours au milieu de la braime, comme le meilleur morceau. » DELAMARRE, t. III, p. 288.

[7] « Chacun convient que, de tous les poissons que les eaux douces nous fournissent, la truite est le meilleur. » DELAMARRE, t. III, p. 288.

[8] « On l'estime un morceau très-délicat, dont les friands

Lottes frittes en ragoust.

Huistres[1] au demy court
      bouillon, sallées.

— en ragoust.

— en baignets.

— rosties.

Vilain[2] en ragoust.

— au court bouillon.

— à l'estuvée.

Solles rosties et farcies.

— rosties sans farce.

— à l'estuvée.

Barbeaux[3] en ragoust.

— rostis.

— au demy court
      bouillon.

— au court bouillon.

— à l'estuvée.

— en castrolle.

Limandes[4] en castrolle.

— frittes.

— rosties.

Plies en castrolle.

— rosties.

font tant de cas que c'est un proverbe vulgaire en Champagne *que les dames vendent jusqu'à leur cotte pour manger du foye de lote.* Il ne vient point de ce poisson à Paris;
il est trop délicat pour supporter un si long transport sans
se corrompre. » Delamarre, t. III, p. 289.

[1] « On les mange crües ou cuites; les crües sont les meilleures et les plus faciles à digérer. On les fait quelquefois
cuire sur le gril dans leurs écailles et leurs eaux, avec un
peu de beurre et de poivre, et celles-là sont encore bonnes.
Les pires de toutes ce sont les frites. » Delamarre, t. III,
p. 30. — « Les meilleures et plus délicates oüistres sont
celles de Cancalle, qui sont petites. Les grandes sont du
Boulonois, qui sont plus dures. » Bonnefons, p. 364. —
Voy. ci-dessus, p. 82.

[2] Ou *meunier.* Voy. ci-dessus, p. 78.

[3] « Leurs œufs sont encore plus dangereux à manger que
ceux du brochet. » Delamarre, t. III, p. 288.

[4] « L'on en pêche beaucoup sur les côtes de Bretagne, de
Normandie et de Picardie, et c'est principalement de cette
dernière province qu'il nous en vient l'abondance que l'on
voit exposée dans nos marchez de Paris, où ces poissons
sont fort communs. » Delamarre, t. III, p. 23.

Macreuse[1] en ragoust.
— au court bouillon.
— rostie en ragoust.
— désossée farcie.
Alloze[2] rostie en ragoust.
— au court bouillon.
— à l'estuvée.
Lamproye[3] en ragoust.
— sur le gril en ragoust.
— à la sauce douce.
Anguille rostie à la sauce verte.

Anguille à l'estuvée.
— en servelast.
— en ragoust.
Anguille de mer[4] en ragoust.
— à l'estuvée.
— fritte en ragoust.
Aumar[5] au court bouillon.
— à la sauce blanche.
Langouste au court bouillon.
— à la sauce blanche.
Brochet farcy.

---

[1] Oiseau célèbre dans l'histoire des abstinences et des jeûnes. J'en parlerai ailleurs. — « C'est un oyseau poisson qui ne diffère en rien du canard, excepté quelque peu sur le haut du bec, à l'endroit du nez. Il est mis au rang des poissons, à cause qu'il a le sang froid, qui est la seule cause qui nous fait faire distinction des alimens pour les jours gras ou les maigres. » BONNEFONS, p. 362.

[2] « Poisson de mer qui aime les eaux douces et qui passe dans les fleuves et les rivières avec les saumons... L'on estime beaucoup à Paris celles de la Seine. » DELAMARRE, t. III, p. 22.

[3] « Quelques auteurs recommandent de noyer la lamproye dans le vin, et de l'y laisser jusqu'à ce qu'elle y soit morte, afin qu'elle ait le temps de déposer une certaine malignité qu'ils prétendent qu'elle a. » LEMERY, p. 381.

[4] « De toutes les chairs, l'anguille est celle qui demande le plus nécessairement d'être bien cuite pour ne point nuire à la santé. » DELAMARRE, t. III, p. 24.

[5] Homard.

Brochet rosty à la broche.
Maquereaux[1] frais rostis.
Harans[2] frais rostis.
— à la sauce douce.
Sardines[3] de Royant.
Rouget en ragoust.
Grenost en ragoust.
Moruë[4] fraische rostie en ragoust.

Moruë au demy court bouillon.
— fraisches en ragoust.
— de Terre neufve.
Soupresse de poisson.
Jambon de poisson.
Moules[5] de poisson.
Raye[6] fritte en ragoust.

---

[1] « Ce nom vient du latin *macularelli*, petites marques ou taches, parce que ce poisson est marqué et bigarré sur le dos de plusieurs traits tirans sur le noir. C'est par cette même raison que l'on nomme *maquereaux* ces taches qui viennent aux jambes de ceux qui se les chauffent de trop près. » DELAMARRE, t. III, p. 16.

[2] « L'Église, pour ne pas priver ses enfants et surtout les pauvres de ce présent que la divine Providence leur fait pour leur nourriture, a permis de s'appliquer à cette pêche les dimanches et festes, par une décrétale d'Alexandre III de l'an 1160. » DELAMARRE, t. III, p. 17.

[3] « De tous les mets en maigre, il n'y en a point de plus excellent pour exciter l'appétit, et surtout pour faire trouver le vin bon. » DELAMARRE, t. III, p. 18.

[4] « Ses yeux sont grands, et cependant elle voit peu clair. C'est de là que vient le proverbe françois *yeux de moruë*, pour exprimer le défaut des yeux fort ouverts et à fleur de tête, qui voyent bien moins que les autres. » DELAMARRE, t. III, p. 15.

[5] « Ce sont des coquilles, des grandes moules que les peintres se servent pour détremper leurs couleurs, parce que le dedans en est fort uny et fort net. » DELAMARRE, t. III. p. 30.

[6] « Toutes différentes espèces de rayes viennent à Paris. Elles y sont d'un fort grand usage, et souvent même servies sur les meilleures tables. » DELAMARRE, t. III, p. 13.

Esperlans [1] en ragoust.

Trippes de moruë [2] fricassées.

Seiches fricassées.

Merluche [3] fritte.

— à la sauce Robert.

Hure de saumon à la sauce rousse.

Hure ou entre deux de saumon à la sallade.

Tons marinez [4].

Maquereaux salez.

Harans salez.

— sorets.

Truites communes.

Pasté de lottes.

— d'anguilles.

— de grenots.

Petits pastez de poisson.

Pasté de plies.

Tourtes de laictances.

OEUFS D'ENTRÉE.

OEufs farcis.

— au pain.

— au miroir.

— au beurre noir.

— au laict.

— à l'ozeille.

— fricassez en tranches.

— pochez à l'eau.

OEufs à la cresme.

Omelette de cresme.

— de persil.

OEufs au verjus.

— aux anchois.

— au fromage.

— brouillez [5].

— au miroir de cresme.

---

[1] « Il s'en prend de très-bons aux embouchûres de la Seine, vers Roüen et proche de Caudebec. » DELAMARRE, t. III, p. 28.

[2] Voy. ci-dessus, p.103.

[3] « Son foye est fort grand et très-délicat. » DELAMARRE, t. III, p. 15.

[4] « Ce sont les marchands épiciers qui débitent ce qui en vient à Paris. » DELAMARRE, t. III, p. 21.

[5] « Faites fondre du beurre avec des œufs dans un plat, assaisonnez de sel et de muscade. Lorsqu'ils sont sur le feu, remuez-les avec une cueillière jusqu'à ce qu'ils soient cuits, et servez. » LAVARENNE, p. 213.

OEufs faits dans des ver-   Omelette farcie.
    res.   OEufs à la neige [1].

SECOND DE POISSON.

Turbot[2] au court boüil-   Barbue au court boüillon.
lon.   Vives[3] rosties sur le gril.

---

[1] « Cassez des œufs, séparez les blancs d'avec les jaunes, mettez les jaunes dans un plat sur du beurre, et les assaisonnez de sel. Posez-les sur de la cendre bien chaude; battez et foüettez bien les blancs, et peu avant de servir jetez-les sur les jaunes, avec une goutte d'eau rose, et la paisle du feu par dessus. Puis sucrez et servez. » LAVARENNE, p. 215.

Lavarenne ne mentionne pas les *œufs à la coque*, auxquels Bonnefons consacre un long article : « Chacun, dit-il, a sa manière de cuire les œufs à la coque. L'un le met dans le poëslon sur le feu avec de l'eau froide, et aussi tost qu'elle a jetté son premier bouillon, il la retire. L'autre veut que l'eau boüille avant que d'y mettre l'œuf, puis il compte jusques au nombre de deux cens prononcés distinctement, et après il tire l'œuf hors de l'eau. Ces deux manières ne sont si certaines que celle-cy, qui est beaucoup meilleure à cause qu'elle cuit l'œuf également jusques au milieu, au lieu que les autres deux premières ne font que saisir le blanc de l'œuf, et le moyeu n'est pas souvent échauffé. Je diray donc que la plus certaine façon de le bien cuire et la plus aisée à pratiquer, est de mettre sur le feu deux pintes d'eau dans un poëslon, et quand elle commencera à vouloir jetter son premier boüillon, y mettre les œufs; en mesme temps, oster le poëslon de dessus le feu, et le poser à terre proche des chenets, et quand l'eau sera assez refroidie pour pouvoir tirer les œufs de dedans avec la main sans vous incommoder, ils seront en leur parfaite cuisson. » Page 169.

[2] « Il nourrit beaucoup, il se digère facilement et produit un bon suc. Sa chair est estimée propre pour les maladies de la rate, étant appliquée dessus. » LEMERY, p. 398.

[3] « On doit bien prendre garde, avant que de les vuider

Solles frittes [1].

Saumon au court boüillon.

Esturgeon [2] au court boüillon.

Grenots en castrolle.

Bescard [3] au court boüillon.

Marsouin au court boüillon [4].

— en ragoust.

Limandes frittes en ragoust.

Loustre de mer [5] au court boüillon.

— sur le gril.

par l'oreille, de couper les arestes qui sont aux coings des oreilles, et deux ou trois sur le dos, desquelles la picqueure est si venimeuse qu'elle fait venir la gangrène si l'on n'y remédie promptement par les remèdes ordinaires que la médecine enseigne, ou simplement en faisant un cataplasme avec du foye de vive que l'on mettra sur la picqueure. » N. DE BONNEFONS, p. 353.

[1] « Estant habillées, essuyez-les, et si elles sont grosses, fendez-les le long du dos; farinez-les et faites frire dans l'huile d'olives et du beurre affiné. Estant frites, poudrez-les de sel par dessus et servez avec orange. » LAVARENNE, p. 219.

[2] « Ce poisson est encore aujourd'hui un manger royal, et en Angleterre il n'appartenoit autrefois qu'au Roy seul d'en disposer. » DELAMARRE, t. III, p. 20.

[3] Nom que les uns donnent à la femelle du saumon, les autres au jeune saumon du printemps. BONNEFONS écrit *beccar*.

[4] « De toutes les manières de le préparer, il n'y en a point que je croye aussi salutaire que celle de le faire boüillir dans du vin avec des herbes fortes et odoriférantes. » LEMERY, p. 428.

[5] « Sa chair est peu en usage dans les aliments, si ce n'est parmi de très-pauvres gens qui n'ont pas le moyen d'acheter de meilleures viandes. » LEMERY, p. 456. — « Les écureuils et les rats d'eau sont apprestés en toutes les sortes que nous avons dit les lapreaux. Il y a d'autres animaux, comme les blereaux à nez de cochon, les loutres et autres,

Raye[1] fritte.

Tanches au court boüillon.

Alloze au court boüillon.

— rostie[2].

Moruë fraische.

Bresme rostie.

Brochet au bleu.

— à la sauce.

Truittes au court boüillon.

Truittes saumonnées.

Perches au court boüillon.

Lottes.

— en castrolle.

Carpe[3] au bleu.

— farcie.

Esperlans.[4]

Plies.

ENTREMETS.

Mousserons[5].

Champignons à la cresme.

dont l'on mange, qui ne sont pas bien à nostre usage. » BONNEFONS, p. 317.

[1] « On la laisse mortifier quelque tems avant de la manger, et alors elle devient plus tendre et d'un meilleur goût. Il n'est donc pas étonnant que l'on mange la raye à Paris aussi bonne et quelquefois meilleure que sur les ports de mer, puisque le temps du transport ne sert qu'à en augter la bonté. » LEMERY, p. 406.

[2] « Sortant du court bouillon, mettez-la sur le gril. Estant rostie, faites une sauce façon de sauce Robert, et faites mitonner le tout ensemble, mais fort peu, puis servez, et si vous voulez mettez-y des capres. » LAVARENNE, p. 221.

[3] « La meilleure sorte de carpe est la laittée. » LAVARENNE. p. 225. — « Les carpes de Seine sont meilleures que de toutes les autres rivières. » BONNEFONS, p. 321.

[4] « Prenez-les bien frais, enfilez-les et bien essuyez. Lors que vous serez prest à servir, farinez-les et faites frire à l'huile ou au beurre, ostez la verge, les saupoudrez de sel menu, et servez avec orange. » LAVARENNE, p. 227. — On les embrochait par les yeux avec une verge de fer. Voy. BONNEFONS, p. 361.

[5] « Il croit dans les bois au printemps une espèce de

Trouffles[1].

OEufs filez.

Nulles[2].

OEufs mignons.

Tourte de frangipanne.

Omelette à la cresme.

Baignets.

Pets de put..n[3].

Paste filée.

Servelats d'anguille.

Laictances de carpes frittes.

Laictance de carpes en
ragoust.

Foye de lotte.

Gelée de poisson.

Blanc manger.

Gelée verte.

Artichaux[4] frits.

Asperges à la sauce blan-
che.

— à la cresme.

Celeris[5].

Choux fleurs[6].

champignon appellé mouceron, parce qu'il est enveloppé
dans de la mousse. Ce champignon est petit et d'un goût
exquis. On doit le choisir gros comme un petit pois, blanc,
tendre, charnu et fort odorant. » LEMERY, p. 163.

[1] « On sert la truffe sur les meilleures tables, après l'avoir
fait cuire dans les cendres ou dans le vin. Quelques-uns la
réduisent en poudre et la mèlent dans les sauces. » LEMERY,
p. 160. — Voy. ci-dessus, p. 142.

[2] « Prenez quatre ou cinq jaunes d'œufs, de la cresme
bien fraische, quantité de sucre, un grain de sel; battez bien
le tout ensemble et faites cuire sur une assiette creuse ou un
plat; passez la pesle du feu rouge par dessus, arrosez d'eau
de senteurs, servez et sucrez de sucre musqué. » LAVARENNE,
p. 232. — « Je me suis laissé dire qu'un certain seigneur
italien, nommé Nullio, escuyer de cuisine d'une grande
princesse, a esté l'inventeur de ce mets. » BONNEFONS, p. 182.

[3] Voy. ci-dessus, p. 143.

[4] « Les artichaux conviennent en tout tems aux vieil-
lards et à ceux qui sont d'un tempérament phlegmatique
et mélancolique. » LEMERY, p. 120. — Voy. ci-dessus, p. 84.

[5] « Il se mange avec poivre et sel, ou avec huile, poivre
et sel. » LAVARENNE, p. 236.

[6] « Si la graine est trop vieille, il en vient des raves, et au

CE QUI PEUT SE TROUVER DANS LES JARDINS.

Chervis [1].	Sersifis.
Bouillie de fleur de bled.	Carottes.
Oubelon [2].	Bette-raves.
Laictuës [3].	Taupinambours [4].
Citroüille.	Concombres [5] de toutes
Panets.	sortes.

réciproque la vieille graine de rave produit des choux. C'est de là que vient ce proverbe : *Semez-y des choux, il y viendra des navets,* que l'on a substitué aux raves, étant racines d'un même genre. » DELAMARRE, t. III, p. 339. — « Tous les autres choux grainent en France, mais pour ceux-cy, il en faut faire venir la graine du Levant; c'est pourquoy elle est d'ordinaire assez chère. » LA QUINTINYE, *Instructions pour les jardins,* édit. de 1700, p. 381.

[1] Sorte de salsifis. — « Les chervis sont des racines fort en usage pour leur bon goût; on les sert sur les meilleures tables. » LEMERY, p. 180.

[2] « Les sommitez des tiges du houblon sont en usage parmi les aliments. On les cuit et on les accommode comme les asperges. » LEMERY, p. 123.

[3] « Pour en garnir toutes sortes de potages, soit de poulets, de pigeons, de purée, d'herbes ou de santé, faites-les bien blanchir et les lavez; mettez-les mitonner dans un pot avec du meilleur de vos bouillons; assaisonnez-les de gras ou de beurre; lorsqu'elles seront cuites, fendez-les par la moitié, garnissez-en vos potages et servez. » LAVARENNE, p. 240.

[4] « Ils sont appellez des *poires de terre,* parce qu'ils naissent dans la terre, attachez aux branches de la racine qui les porte. Leur origine vient du pays des Topinambours dans les Indes. » LEMERY, p. 162. — N. DE BONNEFONS les nomme *taupinambous* ou *pommes de terre,* p. 111.

[5] « On mange assez ordinairement les concombres cruds et en salade, après les avoir laissé tremper et confire dans du vinaigre. » LEMERY, p. 44.

Navets [1].

Pommes fricassées.

Carottes rouges.

Asperges fricassées.

Chicorée blanche.

Cardes de poirée.

— d'artichaux.

Pois passez.

Trouffles d'entrée [2].

PASTISSERIE DE POISSON.

Pasté de saumon.

— de truitte.

— de bécare.

— de carpe.

— d'esturgeon.

— de barbuë.

— de turbost.

— de plies.

— d'anguilles.

— de moruë [3] fraische.

— de carpe désossée.

— à la cardinale.

— de limandes.

— de grenost.

— de solles.

Pasté de solles moitié frittes.

— dressé d'achis d'anguilles.

Tourte de limandes.

— d'huistres fraisches.

— de foye de lotte.

— de laictance de carpes.

— de lottes.

— de carpes.

— d'escrevisses.

— de grenoüilles.

— de tanches.

— de beurre.

---

[1] « *Navet* est le nom dont on se sert à Paris, et *naveau* en province. » DELAMARRE, t. III, p. 343.

[2] « Nettoyez-les bien, pelez-les et fricassez avec du beurre bien frais, un oygnon picqué de cloux, peu de persil aché et une goutte de bouillon. Faites-les mitonner entre deux plats, et la sauce estant un peu liée, servez. » LAVARENNE, p. 246.

[3] Au quatorzième siècle, on faisait avec du foie de morue des pâtés dits *pâtés norrois*. Voy. le *Ménagier de Paris*, t. II, p. 223.

Tourte d'espinars.,	Tourte de cresme [3].
— de melon [1].	— de pommes.
— de pistaches.	— de franchipanne.
— d'amandes.	— de blancs d'œufs.
— de citroüilles [2].	— de jaunes d'œufs.
— de poires.	— de massepan.

RACINES, HERBES ET AUTRES CHOSES PROPRES A CONFIRE, POUR GARDER DANS LE MESNAGE DE MAISON OU DE CABARET.

Beurre fondu.	Bette-raves.
Artichaux.	Asperges.
Concombres.	Poix verts.
Pourpier.	Chicorée.
Laictuës.	Champignons.
Trouffles.	Choux.

[1] « C'est un aliment agréable, mais dangereux. Il se corrompt facilement dans l'estomach, et alors il peut causer des dyarhées, des coliques et quelquefois même des fièvres malignes. » DELAMARRE, t. III, p. 348.

[2] N. DE BONNEFONS consacre un chapitre aux *Citroüilles, potirons, bonnets de prestres, trompettes d'Espagne et autres fruits semblables.* « Tous ces sortes de fruits de terre, dit-il, s'assaisonnent de mesme façon. » P. 123.

[3] « Prenez de la cresme bien fraische, et la délayez avec un peu d'amandes battuës, du sucre et un peu de boüillie faite avec du laict. Faites le tout ensemble bouillir un bouillon, et lorsque tout cet appareil sera froid, mettez-le dans votre abaisse, et faites la cuire. Estant cuite, sucrez la bien, et si vous voulez la musquez et servez. » LAVARENNE, p. 260.

Solles[1].   Crestes salées.
Huistres[2].

CHOSES A SALLER ET GARDER.

Cardes d'artichaux.   Roignons de bélier.
Palets de bœuf.   Pigeonneaux.
Langues de mouton.   Beurre salé.
Poulets marinez.

POTAGES DE CARESME.

Tous les potages de caresme se font et s'assaisonnent comme ceux des jours maigres, hormis que
vous n'y mettez point d'œufs ; mais aux uns, vous
y meslez de la purée ; aux autres, que vous voulez
servir blancs ou marbrez, vous mettez du bouillon
d'amandes. Faites-les mitonner comme les autres,
et garnissez-les de mesme.

[1] « Prenez les bien fraisches, et les faites nettoyer. Si elles
sont grosses, vous les cizelez par dessus, et les farinez après
les avoir essuyées. Après quoy, faites les frire à moitié avec
du beurre et de l'huile, et les mettez proprement dans un
pot, avec sel, poivre, clou battu, écorce d'orange ou de
citron, et vinaigre. Couvrez les bien. Pour vous en servir,
sortez les du pot, et les faites tremper dans de l'eau. Estant
dessalées, faites les frire avec du beurre, ou de l'huile pour
ceux qui l'ayment. » LAVARENNE, p. 268.

[2] « Sortez les de la coquille et les faites blanchir, ou
comme elles sont sortant du panier mettez les dans un pot,
et les assaisonnez de sel, poivre, clou battu et quelques
feuilles de laurier. Couvrez les bien, ou si vous voulez vous
les pouvez enfoncer dans un baril. Lorsque vous voudrez
vous en servir, faites les dessaller dedans l'eau tiède. Estant
dessalées, vous en pouvez garnir, ou faire des baignets, ou
fricasser. » LAVARENNE, p. 269.

ENTRÉES DE CARESME.

Elles s'accomodent de mesme qu'en autre temps, excepté toutefois qu'il ne s'y met point d'œufs, ny pour lier, ny pour autre chose. Mais au lieu d'œufs pour lier, vous pouvez prendre chair de carpe ou d'anguille, qui lie beaucoup mieux avec beurre que non pas les œufs.

J'ay trouvé à propos d'insérer icy cinq articles, n'en ayant point encor fait mention :

Lentilles [1].
Espinars.
Pommes fricassées.

Pommes au sucre.
Pruneaux [2].

SECOND DE CARESME.

Les viandes du second de caresme se servent de mesme sorte et avec le mesme assaisonnement qu'aux jours maigres du reste de l'année.

Pour la pastisserie de caresme, vous l'accommoderez de mesme façon; hormis que vous n'y mettrez point de jaunes d'œufs. Et vous dorerez votre pastisserie avec œufs de brochet pilez ou avec beurre fondu, car le safran ne vaut rien.

ENTREMETS DE CARESME.

Voyez aux jours maigres.

---

[1] Elles étaient encore fort peu estimées au seizième siècle : « Rarius in mensis nobiliorum veniunt apud nos », écrit Br. CHAMPIER, p. 437.

[2] « Prenez les de Tours, etc. » LAVARENNE, p. 292.

Un valet de chambre du roi, Nicolas de Bonnefons, suscita bientôt une concurrence à Lavarenne. En 1655 parut la deuxième édition d'un livre de cuisine que Bonnefons fit précéder de ce titre un peu ambitieux : *Les Délices de la campagne..., où est enseigné à préparer pour l'usage de la vie tout ce qui croît sur terre et dans les eaux.* Bien que cet ouvrage soit moins étendu que celui de Lavarenne, il fut tout aussi goûté des *dames mesnagères* auxquelles il est dédié [1], car la Bibliothèque nationale en possède au moins cinq éditions [2]. Les deux traités, au reste, ne font pas double emploi, Bonnefons ayant consacré la première partie du sien à réparer les oublis commis par son prédécesseur.

La vogue était décidément aux traités de

---

[1] « . . . . . .Les exemples des DAMES MESNAGÈRES, auprès de celles qui ne peuvent ou ne veulent s'ingérer de conduire leur ménage, nous font assez discerner le prix des unes et des autres. C'est pour vous que le Sage inspiré du Saint-Esprit a proféré de si beaux éloges, vous appellant femme forte. Et il ne s'est pas contenté de vous nommer de ce beau nom de forte, qui comprend toutes les bonnes qualitez d'une femme héroïque, il a voulu d'abondant particulariser sur quantité de vos bonnes actions, témoignant par beaucoup de loüanges l'estime qu'il fait de celles qui méritent ce beau tiltre d'honneur... »

[2] Datées de 1655, 1665, 1679, 1684 et 1741.

cuisine. En 1676, un sieur Pierre David publia un travail supérieur encore aux précédents : *Le Cuisinier, où il est traité de la véritable méthode pour apprester toutes sortes de viandes, gibier, volailles, poissons tant de mer que d'eau douce, suivant les quatre saisons de l'année. Ensemble la manière de faire toutes sortes de pâtisseries tant froides que chaudes en perfection.* Il faut croire que cet ouvrage eut du succès, puisque six ans après le même auteur donna au public l'*Escole parfaite des officiers de bouche,* qui eut une septième édition en 1708. Enfin, en 1674, un sieur L. S. Robert fit imprimer un petit volume in-12, intitulé : *L'Art de bien traiter, ouvrage nouveau, curieux et fort galant,* où sont résumés les progrès accomplis depuis quinze ans dans l'art culinaire. L'auteur, qui paraît avoir quelque prétention au beau langage, les résume ainsi dans sa préface : « Ce n'est point aujourd'huy, dit-il, ce prodigieux regorgement de mets, l'abondance des ragoûts et des galimafrées, ce n'est pas cet entassement confus de diverses espèces, ces montagnes de rosts, ces entremets bizarrement servis..., c'est le choix exquis des viandes, la finesse de leur assaisonnement, la politesse et la propreté de leur service, leur quantité proportionnée au nombre des gens [1]. »

A la fin du volume publié par N. de Bonnefons, on trouve une *Instruction pour les festins* qui renferme plusieurs renseignements curieux. Cette matière fut plus amplement traitée en 1659, dans un nouvel ouvrage que Pierre David dédia à *M. de Lune, escuyer de cuisine de feu Monseigneur le Duc de Rohan* [2]. Il a pour titre : *Le Maistre d'hostel, qui apprend l'ordre de bien servir sur table et d'y ranger les services. Ensemble le sommelier, qui enseigne la manière de bien plier le linge en plusieurs figures. Et à faire toutes sortes de confitures, tant seiches que liquides. Comme aussi toutes sortes de dragées, et autres gentillesses fort utiles à tout le monde.*

L'exiguïté des fortunes actuelles, la parci-

---

[1] Préface, p. 2.

[2] « Monsieur, Voicy un Livre que j'ay crû ne devoir offrir qu'à vous, puis qu'il traitte d'un Art que vous entendez si parfaictement, et que vous pratiquez de mesme. Feu Monseigneur le Duc de Rohan rendroit un fidèle témoignage de cette vérité s'il vivoit encore, puisque vous aviez acquis l'honneur de son estime, et qu'il vous considéroit comme un homme capable de donner l'âme à sa table friande et délicate. En effect, Monsieur, est-il quelque ragoust, pour fin et pour extraordinaire qu'il soit, que vous ne rafiniez encore, et à qui vous ne donniez quelque chose capable de flatter le goust et de l'émouvoir?... »

monie forcée qui règne dans les plus riches
familles ne permettent plus guère de com-
prendre toute l'importance qu'avait alors le
maître d'hôtel d'une grande maison, chef de
tout ce qui concernait le service de la table.
L'abbé Coyer nous le représente comme un
homme « richement vêtu, l'épée au côté, un
diamant au doigt, jouant avec une boîte d'or [1] ».
Madame de Pompadour obtint pour le sien la
croix de Saint-Louis [2], et madame de Sévigné
se fait gloire d'avoir connu Vatel [3]. Le duc de
Bourbon pleura cet illustre maître d'hôtel que
Condé s'attacha après la disgrâce de Fouquet,
et « dont la bonne tête étoit capable de soutenir
tout le soin d'un État [4] ». On n'a pas oublié sa
fin tragique. Madame de Sévigné l'a racontée,
et son récit est un chef-d'œuvre de narration
qui eût suffi pour immortaliser ce fidèle serviteur. Je voudrais me borner à mentionner la
lettre qu'elle lui consacra, mais je ne puis m'y
résoudre. Que Vatel me le pardonne, je cède
moins encore à l'envie d'honorer sa mémoire

---

[1] *Bagatelles morales*, édit. de 1755, p. 45.
[2] Madame CAMPAN, *Mémoires*, t. III, p. 305.
[3] Ou plutôt Watel. Voy. sur lui un curieux article dans
le *Dictionnaire de biographie* de M. A. JAL.
[4] Madame DE SÉVIGNÉ, *Lettre* du 24 avril 1671, t. II,
p. 186.

qu'au plaisir de copier une si jolie page:

« Le Roi arriva jeudi soir [1]. La chasse, les lanternes, le clair de la lune, la promenade, la collation dans un lieu tapissé de jonquilles, tout cela fut à souhait. On soupa : il y eut quelques tables où le rôti manqua, à cause de plusieurs dîners où l'on ne s'étoit pas attendu [2]. Cela saisit Vatel ; il dit plusieurs fois : « Je suis perdu d'honneur, voici un affront que je ne supporterai pas. » Il dit à Gourville [3] : « La tête me tourne, il y a douze nuits que je n'ai dormi ; aidez-moi à donner des ordres. » Gourville le soulagea en ce qu'il put. Ce rôti qui avoit manqué, non pas à la table du Roi, mais aux vingt-cinquièmes [4], lui revenoit toujours à la

[1] A Chantilly.

[2] Le marquis de Cussy, préfet du palais sous Napoléon Ier, écrit à ce sujet : « Vous ne pensez pas qu'aucun de nos cuisiniers, élèves de Carême, pût jamais tomber dans cette faute. Quoi ! laisser manquer le rôti !!! Ils ont toujours des réserves importantes : un jour de gala, si c'est à la cour, cinquante gigots, ou cinquante dindes, ou deux cents poulets, cinquante pâtés, des jambons rôtis pleins de saveur. Il y a ici ce principe éternel qu'il en est d'une fête gastronomique comme d'une armée où l'on ne sait jamais au juste ce qu'on aura sur les bras : il faut avoir de splendides réserves. » *L'Art culinaire*, chap. I.

[3] Intendant du prince de Condé.

[4] « On avoit fait mettre quantité de tentes sur la pelouse de Chantilly, où on servit toutes les tables qui avoient accoutumé de se servir chez le Roi, et dans d'autres endroits ;

tête. Gourville le dit à Monsieur le Prince.
Monsieur le Prince alla jusque dans sa chambre,
et lui dit : « Vatel, tout va bien, rien n'étoit
si beau que le souper du Roi. » Il lui dit :
« Monseigneur, votre bonté m'achève ; je sais
que le rôti a manqué à deux tables. — Point
du tout, dit Monsieur le Prince, ne vous fâchez
pas, tout va bien. » La nuit vient : le feu d'ar-
tifice ne réussit pas, il fut couvert d'un nuage ;
il coûtait seize mille francs. A quatre heures du
matin, Vatel s'en va partout, il trouve tout
endormi, il rencontre un petit pourvoyeur qui
lui apportoit seulement deux charges de marée,
il lui demanda : « Est-ce là tout ? » Il lui dit :
« Oui, monsieur. » Il ne savoit pas que Vatel
avoit envoyé à tous les ports de mer. Il attend
quelque temps ; les autres pourvoyeurs ne
viennent point ; sa tête s'échauffoit, il croit
qu'il n'aura point d'autre marée. Il trouve
Gourville, et lui dit : « Monsieur, je ne sur-
vivrai pas à cet affront-ci ; j'ai de l'honneur et
de la réputation à perdre. » Gourville se moqua

et encore plusieurs tables que l'on faisoit servir à mesure
qu'il y avoit des gens pour les remplir. » (*Mémoires de
Gourville*, édit. Michaud, t. XXIX, p. 561.) — Suivant la
Gazette de France (29 avril 1671, nº 53, p. 434), il y eut
soixante tables servies.

de lui. Vatel monte à sa chambre, met son épée contre la porte, et se la passe au travers du corps; mais ce ne fut qu'au troisième coup, car il s'en donna deux qui n'étoient pas mortels : il tombe mort. La marée cependant arrive de tous côtés; on cherche Vatel pour la distribuer; on va à sa chambre; on heurte, on enfonce la porte; on le trouve noyé dans son sang; on court à Monsieur le Prince, qui fut au désespoir. Monsieur le Duc pleura : c'étoit sur Vatel que rouloit tout son voyage de Bourgogne [1]. Monsieur le Prince le dit au Roi fort tristement : on dit que c'étoit à force d'avoir de l'honneur à sa manière; on le loua fort, on loua et blâma son courage [2]. » Mais, avant tout, il ne fallait pas que la fête fût troublée. Gourville, prévenu, ordonna « qu'on mît Vatel sur une charrette, et qu'on le menât à la paroisse, à une demi-lieue de là, pour le faire enterrer [3] » .

Tout fut grand en ce siècle. Au mariage de la princesse de Conti, il y eut trois services de cent soixante plats chacun, et l'on consomma pour seize mille livres d'ortolans [4]. Aux États

[1] Où il allait tenir les États.
[2] *Lettre* du 26 avril 1671, t. II, p. 189.
[3] *Mémoires de Gourville*, p. 561.
[4] *Mercure galant*, janvier 1680, p. 70.

de Rennes, les festins étaient si fréquents et si plantureux que madame de Sévigné écrivait à sa fille : « Je n'ose vous parler des magnificences de Rennes, de peur de vous donner une indigestion [1]. »

Pourtant, la dimension et le mobilier des cuisines avaient peu changé depuis le seizième siècle. François Colletet ne nous apprend rien de nouveau quand il nous montre un jeune couple allant acheter à la foire Saint-Laurent les objets qui doivent servir à préparer la nourriture de la maison :

> Je voy déjà la mesnagère
> Qui choisit une crémaillière,
> Puis une paire de chenets,
> Item, deux petits martinets [2],
> Une broche, une leschefrite,
> Une platine [3], une marmite,
> Une cuillère, un chandelier,
> Un réchaud de fer, un trépied,
> Un chauderon, une escumoire.
> Il ne faut plus qu'une lardoire,
> Et le soufflet, meuble important,
> Et chacun d'eux sera content [4].

On se méfiait encore, et non sans raison,

[1] *Lettre* du 9 novembre 1689, t. IX, p. 305. Voy. aussi p. 299.
[2] Petit chandelier plat à long manche.
[3] Ustensile qui servait à repasser le linge, et sur lequel on l'étendait pour le faire sécher.
[4] *Les Tracas de Paris* [1665], édit. P. Lacroix, p. 205.

MARCHAND D'OBJETS DE MÉNAGE.

D'après Boucher.

des casseroles de cuivre, dont jusqu'à la Révolution l'étamage laissa fort à désirer [1].

À la fin du seizième siècle, on connaissait
déjà en Italie les tournebroches « manœuvrant
par ressors, ou par moyen de poids comme
les horologes [2] ». En France, le soin de les
tourner était confié, soit à une servante ou à un
valet de cuisine, comme la Nicole ou le Co-
vielle du *Bourgeois gentilhomme* [3], soit à un
brave chien enfermé dans une roue à laquelle
il imprimait un mouvement régulier. L'animal et l'instrument en étaient même arrivés
à porter le même nom. Dans la fable du
Lièvre qui fait le brave, à peine le lièvre eut-il
terminé ses fanfaronnades qu'il entendit
« un petit tourne-broche d'un meunier voisin
qui glapissoit dans les buissons [4] ».

L'aspect des cuisines ne changea pas avant
le règne de Louis XV, avant la réforme
opérée dans l'art culinaire par le Régent. Mais,
à partir de cette époque, les grands seigneurs
y étalèrent un luxe dont ils se montraient très-

[1] Voy. MERCIER, *Tableau de Paris,* ch. CCCLXI, t. V, p. 11.

[2] MONTAIGNE, *Voyage en Italie,* édit. de 1774, p. 24
et 74.

[3] Acte III, sc. IX.

[4] FÉNELON, *Fable* 17. — Voy. aussi LA FONTAINE, *l'Éducation,* liv. VIII, fable XXIV.

fiers : « La curiosité me conduit dans la maison d'un de nos satrapes; je demande à voir les appartemens. C'est dans les cuisines qu'on m'entraîne, qu'on me fait admirer le goût du maître; c'est la seule pièce de la maison qu'on fasse remarquer aux curieux. Élégance, solidité, propreté, commodités de toutes espèces, rien ne manque à ce vaste atelier de Comus; chef-d'œuvre moderne où l'architecture s'est plu à déployer ses ressources [1]. »

En 1712, il y avait encore à Versailles des valets chargés de tourner les broches. Mais la cuisine de Louis XIV mérite une mention spéciale, et l'*État de la France pour* 1712 [2] va nous fournir sur ce sujet des renseignements très-complets.

L'endroit où se préparaient les repas du roi et des nombreuses personnes qui avaient *bouche à cour* était situé au rez-de-chaussée d'un vaste bâtiment construit vers 1685 sur les dessins de Mansart et qui sert aujourd'hui d'hôpital militaire. Éclairé par cinq cents fenêtres, cet édifice renfermait trente-deux ap-

---

[1] Abbé Coyer, *Bagatelles morales*, édit. de 1755, p. 267.
[2] Tome I, p. 51 et suiv.

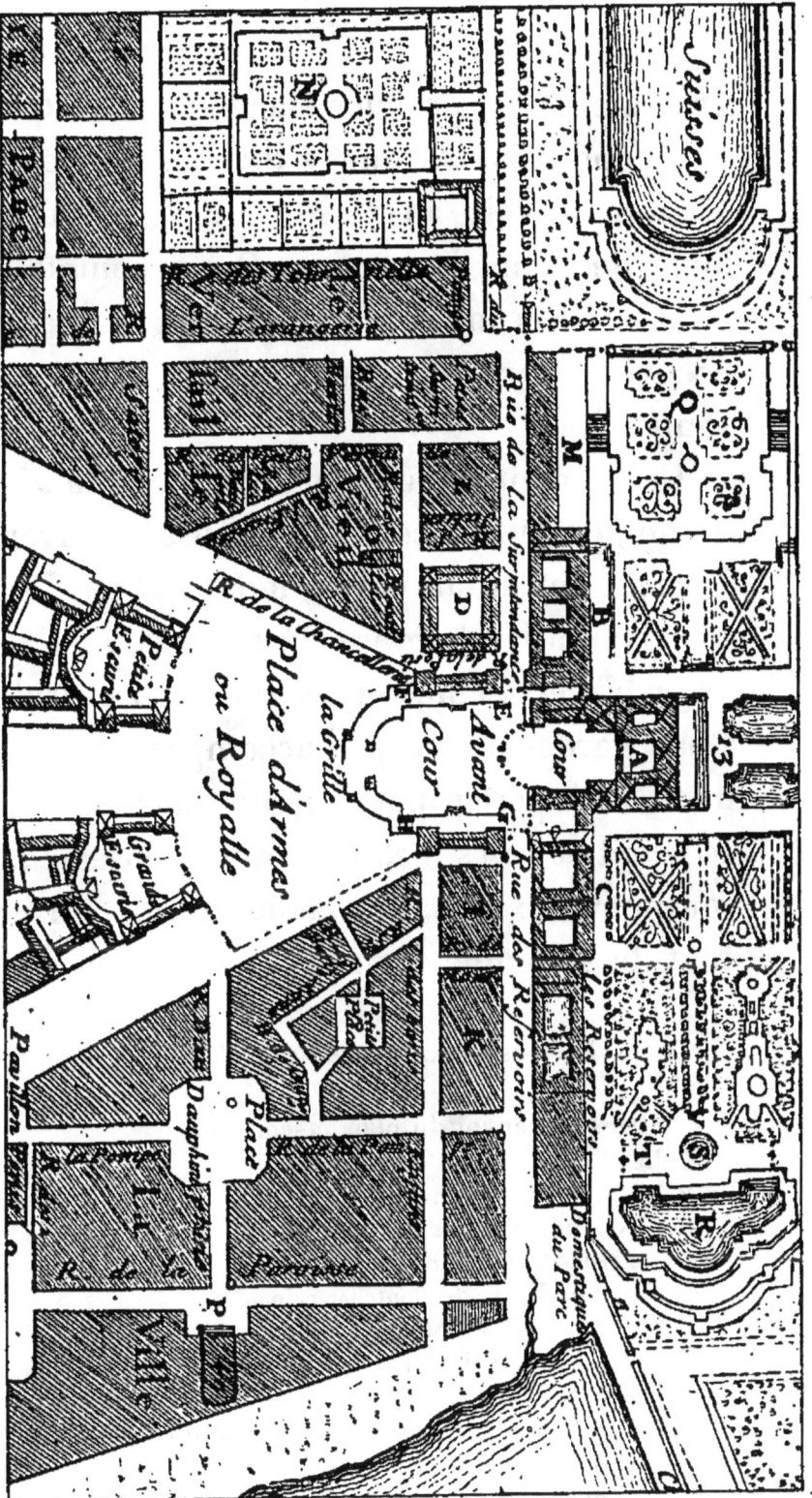

LE GRAND COMMUN, SOUS LOUIS XIV.

D'après le plan de Versailles dressé par J. B. Naudin.

partements au premier étage et trente-quatre au second, tous destinés à divers officiers de la Maison du roi ; au-dessus, étaient logés une foule de gens de service. On y comptait au total environ mille pièces petites ou grandes, occupées par au moins quinze cents personnes [1].

Le repas ou, comme on disait alors, la *viande du Roi,* partait de ce rez-de-chaussée, traversait la rue [2], entrait au palais, montait l'escalier, et n'arrivait à la chambre du souverain qu'après avoir traversé cinq ou six salles ou corridors. Deux gardes du corps l'accompagnaient pendant cette pérégrination ; sur son passage, on se levait et l'on s'inclinait respectueusement en murmurant : *C'est la viande du Roi* [3] *!* Disons tout de suite que la desserte de ces repas pas-

[1] Voy. L. Dussieux, *le Château de Versailles,* t. II, p. 134.

[2] Lettres de renvoi du plan ci-contre :

A Le château.

B L'aile où loge Monsieur.

C L'aile où logent les Princes.

D *Le grand commun où sont les offices.*

E Pavillon de M. de Pontchartrain.

I La maison de Monsieur.

K Hôtels de Louvois, de Richelieu, de Condé et du Lude.

L Hôtel de Mademoiselle.

M La surintendance, et les hôtels de Beauvilliers et de Chevreuse.

[3] Madame Campan, *Mémoires,* t. III, p. 7.

sait au *serdeau*, table des gentilshommes servants; ce que laissaient ceux-ci était vendu aux
bourgeois de la ville par les *valets du serdeau,*
dans un marché spécial, dit *les baraques du
serdeau,* qui se tenait en haut de la rue de la
Chancellerie, à côté de la caserne des gardes-
françaises [1]. C'est un valet du serdeau qui eut
l'*honneur* d'être frappé par Louis XIV [2].

La *Maison du roi,* pour tout ce qui concernait la cuisine et le service, occupait environ
cinq cents personnes. Toutes relevaient du
grand maître de la Maison du roi, charge im-
portante qui fut parfois confiée à un prince du
sang.

En réalité, les fonctions du grand maître
étaient exercées par ce que l'on nommait le

BUREAU DU ROI,

assemblée qui se réunissait deux fois par semaine, et était ainsi composée :

Un premier maître d'hôtel.
Un maître d'hôtel ordinaire.
Trois maîtres d'hôtel de quartier [3].

---

[1] L. Dussieux, t. II, p. 141.
[2] Voy. Saint-Simon, t. I, p. 264.
[3] Les titulaires étaient donc au nombre de douze.

Nous verrons plus loin quelles étaient les attributions de ces cinq fonctionnaires.

Un maître de la chambre aux deniers [1].

Ces officiers, au nombre de trois, servent alternativement. Ils assistent à toutes les délibérations qui se font pour la police et dépense de la Maison. Ils ont soin de solliciter les fonds pour la dépense de bouche de la Maison du Roy, et de payer les officiers pour cette dépense.

Un contrôleur général.

Il contrôle toutes les dépenses de bouche qui se font dans la Maison du Roy. Il accompagne le bouillon du Roy quand Sa Majesté en prend, et reçoit les ordres comme les maîtres d'hôtel. Quand le Roy mange en public, le contrôleur général sert Sa Majesté à table en l'absence du premier maître d'hôtel. Il est chargé de toute la vaisselle d'or, d'argent et vermeil, dont il charge ensuite les garde-vaisselle et autres officiers.

Un contrôleur ordinaire.

Il doit être présent à la recette de toute la viande et du poisson pour la bouche du Roy, et avant qu'on les serve sur table, il examine si toutes les pièces contenuës sur le menu sont emploïées. Il est chargé de la garde du vin et de l'eau pour la personne de Sa Majesté. De plus, il tient registre de

---

[1] Cette expression était déjà employée dans le même sens au quatorzième siècle.

toutes les nouveautez de viande pour le Roy, fruits, confitures, vins de liqueurs, etc., qui lui doivent être mises entre les mains. Lorsque le Roy donne à manger en particulier aux Princesses et aux Dames au retour de la chasse, le contrôleur ordinaire pose les viandes et le fruit sur la table.

Seize contrôleurs chefs d'office.

Ils écrivent toutes les recettes ordinaires et extra-ordinaires de viande et de poisson. Ils contrôlent les fournitures de toute la Maison, et en achètent d'autres quand elles ne sont pas de la qualité dont elles doivent être.

Vingt huissiers.

Un commis du maître de la chambre aux deniers.

Un commis du contrôleur général.

SERVICE DU ROI

Il comprenait :

Un grand aumônier.

Il vient, quand bon lui semble, aux festins royaux, même au dîner et souper du Roy, pour la bénédic-tion et les Grâces.

Un premier aumônier.

Il peut avoir des fonctions et du service en pré-sence du grand aumônier.

Huit aumôniers servant par quartier.

Ils se trouvent au dîner et au souper du Roy, pour y donner la bénédiction aux viandes et dire Grâces. Si la nef étoit sur la table même du Roy, l'Aumônier auroit soin de la découvrir à chaque fois que le Gentilhomme servant en tireroit une serviette pour Sa Majesté, et à la fin du repas l'Aumônier doit lever cette nef de dessus la table.

Un premier maître d'hôtel.

Il reçoit l'ordre du boire et du manger pour le Roy, et de l'heure; qu'il fait après entendre aux officiers du goblet et de la bouche.

Un maître d'hôtel ordinaire.

En l'absence du premier maître d'hôtel, il a les mêmes fonctions que lui.

Douze maîtres d'hôtel servant par quartier.

Ils portent dans la Maison du Roy, pour marque de leur autorité, quand ils conduisent la viande et pendant le dîner ou souper de Sa Majesté, un bâton garni d'argent vermeil doré. Ils présentent au Roy la première serviette mouillée dont Sa Majesté se lave les mains avant que de manger; et ils ne cèdent cet honneur qu'aux Princes du sang, aux Fils légitimez de France et au Grand-maître. Ils sçavent l'ordre du Roy tous les soirs en l'absence du premier maître d'hôtel ordinaire, et à quelle heure Sa Majesté veut manger le lendemain.

Un grand panetier.

Un grand échanson.

Un grand écuyer tranchant.

Ces dignitaires avaient le droit d'ajouter à leurs armoiries :

1° *Le grand panetier*, une nef et un cadenas d'or semblables à ceux qui servaient au roi.

2° *Le grand échanson*, deux flacons de vermeil portant les armes du roi.

3° *Le grand écuyer tranchant,* un couteau et une fourchette placés en croix et au manche terminé par une couronne royale [1].

Les fonctions afférentes à ces trois charges étaient remplies par les gentilshommes servants.

Trente-six gentilshommes servants.

Ils servent l'épée au côté, portent les qualités de chevaliers et écuïers, et ont leurs armoiries timbrées.

CUISINE.

La cuisine du roi et celle du commun étaient tout à fait distinctes.

[1] Vulson de la Colombière, *La Science héraldique,* p. 492.

UN CUISINIER.

Gravure de Mariette, d'après Lasne.

Celle du roi comprenait :

1° La paneterie-bouche.

2° L'échansonnerie-bouche.

Toutes deux désignées sous le nom de *go-belet*.

3° La bouche du roi.

PANETERIE-BOUCHE.

Elle préparait tout ce qui concernait le couvert du roi, pain, linge, vaisselle, fruit, etc.

Elle se composait de :

Un chef ordinaire.

Douze chefs servant par quartier.

Quatre aides.

Un garde-vaisselle.

Un sommier.

Les sommiers surveillaient le transport des objets qui devaient suivre le roi lors de ses déplacements.

Un lavandier.

Plusieurs garçons.

ÉCHANSONNERIE-BOUCHE.

Elle avait la charge des boissons du roi, et se composait de :

Un chef ordinaire.

Douze chefs par quartier.

Quatre aides.

Un aide ordinaire.

Quatre sommiers.

Quatre coureurs de vin.

Deux conducteurs de la haquenée.

Un coureur de vin et un conducteur de la haquenée suivaient le roi quand il allait à la chasse, et tenaient toujours pour lui une collation prête. Le premier portait une valise de drap rouge aux armes de France, qui renfermait deux flacons d'argent, pleins l'un d'eau et l'autre de vin, des serviettes, du pain, des biscuits, des fruits, des confitures, etc. Le second conduisait un cheval chargé de paniers dans lesquels on plaçait des mets froids et tout ce qui était nécessaire pour servir au roi un dîner et un souper [1].

---

[1] « *Menu que l'on donne au conducteur de la haquenée :*

6 pains.	1 pâté de poires de bon chrétien.
6 bouteilles de vin.	
20 grands biscuits.	1 pâté d'œufs brouillés.
6 douzaines de petits choux.	2 grandes tourtes de fromage à la crème.
6 paquets de confitures seiches.	
6 paquets de pastilles.	2 grands gâteaux à la crème.
6 oranges de Portugal.	24 brioches.
	24 talmouses.

Et, outre ce que dessus, l'on doit porter six douzaines de

Plusieurs garçons.

BOUCHE DU ROI.

Deux écuyers ordinaires.

Huit écuyers, servant par quartier.

Quatre maîtres-queux:

Chargés d'apprêter les entrées.

Quatre hâteurs.

Chargés d'apprêter les rôtis.

Quatre potagers.

Chargés d'apprêter les potages.

Quatre pâtissiers.

Trois galopins ou enfants de cuisine.

Ils piquaient les viandes, et sous la direction des potagers préparaient les bouillons pendant la nuit.

Quatre porteurs.

Chargés d'apporter à la cuisine l'eau, le bois, le charbon, etc.

Quatre garde-vaisselle.

Deux huissiers.

Deux sommiers du garde-manger.

Deux sommiers des broches.

Un sommier de chasse.

pains et six douzaines de bouteilles de vin sur deux chevaux de bâts. » *État général de la Maison du Roy pour* 1765. Bibliothèque Mazarine, *manuscrits,* n° 2806¹², p. 256.

Deux avertisseurs.

Ils suivaient le roi au dehors, et venaient annoncer à la cuisine son arrivée.

Quatre porte-fauteuil et table.

Six valets du serdeau.

Quatre lavandiers.

CUISINE DU COMMUN.

I. PANETERIE-COMMUN.

Treize chefs.

Douze aides.

Six sommiers.

Deux lavandiers.

Trois garçons.

II. ÉCHANSONNERIE-COMMUN.

Vingt chefs.

Douze aides.

Un maître des caves.

Quatre sommiers de bouteilles.

Deux sommiers de vaisselle.

Plusieurs garçons.

III. CUISINE-COMMUN OU GRAND-COMMUN.

Six aumôniers.

Douze écuyers.

Huit maîtres queus.

Douze hâteurs.

Huit potagers.

Quatre pâtissiers.

Douze enfants de cuisine.

Douze porteurs.

Deux verduriers.

Ils fournissaient les herbes et le vinaigre.

Deux garde-vaisselle.

Huit huissiers.

Trois sommiers du garde-manger.

Quatre sommiers des broches.

Deux falotiers.

Ils vont le soir mettre des falots ou lumières sur les escaliers et en différents endroits du Louvre ou château où le Roy loge.

Quatre lavandiers.

Un poëlier.

Il fournissait et entretenait la batterie de cuisine.

Quatre tournebroches.

Plusieurs garçons.

IV. FRUITERIE.

Elle fournissait les fruits, les bougies et les chandelles.

Un chef ordinaire.

Douze chefs par quartier.

Douze aides par quartier;

Un fruitier ordinaire.

Un palmier.

Chargé de fournir des palmes pour le jour des Rameaux.

Quatre sommiers.

V. FOURRIÈRE.

Les fonctions des officiers de fourière sont de fournir tout le bois de chauffage de la Maison du Roy ; ils fournissent aussi le charbon nécessaire et la paille. Ils ont les premières entrées, puisqu'ils vont même allumer le feu dans la chambre du Roy un moment avant qu'on éveille Sa Majesté. Ils ont aussi soin de continuer de faire les feux de l'appartement du Roy pendant toute la journée, et restent au petit coucher. Ils mettent de droit Monseigneur le Dauphin à table. Lorsque le Roy ou Monseigneur ont besoin de prendre un bain dans la chambre ou de se laver seulement les pieds, c'est aux officiers de fourière à faire chauffer et à verser l'eau chaude. Le Roy ou Monseigneur étant au bain, dans le moment qu'il faut brûler ou exhaler quelques senteurs, c'est à un officier de fourière à tenir la pelle chaude sur laquelle on répand ces parfums. S'il arrivoit que le Roy mangeât avec un autre Roy ou Reyne, le Roy de France faisant les honneurs de sa maison, céderoit à cette autre Tête couronnée son cadenat, son capitaine des gardes et son porte-fauteuil. Ce seroit pour lors aux officiers de fourière à mettre à table le Roy de France, c'est-à-dire à présenter à Sa Majesté Très-Chrétienne son fauteuil, et à le lui retirer à la fin du repas.

La fourière se composait de :

Vingt chefs.
Quinze aides.
Un délivreur de bois.
Un porteur de bois.
Trois garçons d'office.
Quatre porte-table.
Un menuisier.
Plusieurs garçons.
Deux porte-chaise d'affaires.

Chargés de faire le service de la chaise percée du roi.

VI. Petit commun.

On désignait sous ce nom une cuisine destinée à la table du grand maître et à celle du grand chambellan.

La reine, le Dauphin et la Dauphine avaient au palais un personnel presque aussi considérable. Sous Louis XVI, on y compta jusqu'à quinze Maisons montées avec le même luxe

d'officiers et d'employés : celles du roi, de la
reine, du Dauphin, de Madame fille du roi,
de Monsieur [1]; de Madame, du comte d'Artois,
de la comtesse d'Artois, du duc d'Angoulême,
du duc de Berry, de Mademoiselle, de Madame
Élisabeth, de Madame Adélaïde, de Madame
Victoire et de Madame Sophie. Jusqu'au
milieu du règne de Louis XIV, tous les officiers du roi, paneterie, échansonnerie,
bouche, etc., étaient gentilshommes. On fut
obligé de confier ces charges à de riches bourgeois, quand il ne se trouva plus assez de
nobles en état d'acheter ces charges, qui
étaient devenues chères [2]. Le nombre des
titulaires était d'autant plus grand qu'ils ne
servaient en général que par quartier ou par
semestre. Ils étaient mal payés d'ailleurs,
mais presque tous avaient bouche à cour, et
recueillaient une foule d'autres profits, jetons,
livrée, flambeaux de cire, etc. Les premières
femmes de chambre de Marie-Antoinette ne
touchaient que douze mille livres d'appointe-
ments, mais « la totalité des bougies de la
chambre, des cabinets et des salons de jeu leur

---

[1] Comte de Provence, devenu Louis XVIII.

[2] *Lettres de la princesse palatine*, 15 octobre 1719, t. II,
p. 168.

appartenait chaque jour, allumées ou non, et
cette rétribution faisait monter leur charge à
plus de cinquante mille francs pour chacune [1] » .

Le personnel attaché au service des grands
seigneurs était peu nombreux, si on le compare à celui qu'entretenait le roi; et pourtant je ne crois pas qu'il existe aujourd'hui
en France dix maisons aussi bien montées que
l'était celle d'un riche courtisan au milieu du
dix-septième siècle. Nous possédons sur ce
point les renseignements les plus curieux dans
un volume écrit par un sieur Audiger, qui avait
été successivement chef d'office chez la comtesse de Soissons et chez Colbert. En 1692
parut ce petit livre, dont voici le titre : *La
maison réglée et l'art de diriger la Maison d'un
grand seigneur et autres, tant à la ville qu'à la
campagne, et le devoir de tous les officiers et
autres domestiques en général.*

Voyons d'abord comment était composée la
maison d'un grand seigneur.

SERVICE DE MONSIEUR.

1 intendant.	1 secrétaire.
1 aumônier.	1 écuyer.

[1] Madame CAMPAN, *Mémoires*, t. I, p. 292.

2 valets de chambre.
1 concierge ou tapissier.
1 maître d'hôtel.
1 officier d'office.
1 cuisinier.
1 rôtisseur.
1 garçon d'office.
2 garçons de cuisine.
1 servante de cuisine.
2 pages.
6 laquais.
2 cochers.

2 postillons.
2 garçons de carrosse.
4 palefreniers.
1 suisse ou portier.
1 valet pour l'intendant.
1 — — l'aumônier.
1 — — le secrétaire.
1 — — l'écuyer.
1 — — le maître d'hôtel.
1 jardinier.

SERVICE DE MADAME.

1 écuyer.
1 demoiselle suivante.
1 femme de chambre.
1 valet de chambre.
1 page.
1 maître d'hôtel.
1 cuisinier.

1 officier d'office.
1 servante de cuisine.
4 laquais.
1 cocher.
1 postillon.
1 garçon de carrosse.

SERVICE DES ENFANTS.

1 gouvernante.
1 nourrice.
1 gouverneur ou précepteur.

1 valet de chambre.
2 laquais.
1 servante pour la nourrice.

SERVICE DE LA CAMPAGNE.

1 capitaine du château.
1 concierge.

1 capitaine des chasses.
2 garde-chasse.

1 chasseur.   1 servante de la ména-
1 receveur ou fermier.   gère.
1 maître valet.   1 berger.
1 ménagère.   1 vacher.

La dépense se répartissait ainsi :

SERVICE DE MONSIEUR.

Gages des domestiques	4,010 liv.	
Nourriture id	9,536	
Table du maître	11,880	
Entretien de l'écurie [1]	10,585	36,011 liv.

SERVICE DE MADAME.

Gages des domestiques	2,725 liv.	
Nourriture id.	4,700	
Table de la maîtresse	11,880	
Entretien de l'écurie [2]	8,316	27,621 liv.
	Total	63,632 liv.

Non compris la dépense des enfants et celle du château, car à la campagne « les officiers et domestiques se payent suivant les païs et la magnificence du seigneur [3] ».

[1] « Un grand seigneur ne peut avoir moins de quatorze chevaux de carrosse, qui font deux attelages. Il faut encore au moins seize chevaux de selle, tant pour lui que pour les gens de sa suite. » Pages 9 et 10.

[2] Composée de « sept chevaux de carrosse, et quatre chevaux de selle pour monter les officiers ». Page 77.

[3] Page 99.

Treize ans auparavant, madame de Maintenon, réglant le

J'ai déjà dit que le maître d'hôtel avait sous sa direction le service complet de la cuisine; aussi, dans certaines maisons, l'intendant passait-il un marché avec le maître d'hôtel pour la fourniture de tout ce qui concernait la nourriture.

L'aumônier faisait soir et matin la prière, à laquelle étaient conviés le seigneur et ses domestiques. Il disait en outre le *Benedicite* et les Grâces à toutes les tables.

L'écuyer avait la direction de l'écurie et la surveillance des pages.

Le concierge ou tapissier était chargé de l'entretien du mobilier.

L'officier d'office ou sommelier avait la garde de la vaisselle d'or et d'argent, de la batterie d'office et du linge de table. C'est

budget de sa belle-sœur, l'établit ainsi pour douze personnes : monsieur, madame, trois femmes, quatre laquais, deux cochers et deux valets de chambre :

Dépense de bouche.	6,000 livres
Habits.	1,000 —
Loyer.	1,000 —
Gages et habits des gens.	1,000 —
Habits, opéra et magnificences de monsieur.	3,000 —
Total:	12,000 livres

Mais il faut ajouter à cette somme l'entretien de deux carrosses. Voy. les *Lettres de madame de Maintenon*, édit. de 1756, t. I, p. 190.

lui qui mettait le couvert, lui qui faisait les confitures, les compotes, les crèmes, les liqueurs. Il tenait la clef des caves, achetait le vin et le pain. Il avait droit à la lie et aux futailles, et le boulanger lui devait un treizième du pain fourni à la maison.

Le garçon d'office soignait la vaisselle d'argent et la batterie d'office, préparait pour le blanchissage le linge de table sali, et mettait le couvert du maître d'hôtel.

Le cuisinier ou écuyer de cuisine [1] devait savoir faire toute la pâtisserie. Il avait pour profit les graisses, les vieilles fritures et les cendres.

Les aides ou garçons de cuisine épluchaient les légumes, mettaient le pot-au-feu, apportaient le bois et le charbon.

La servante de cuisine faisait les nettoyages et les écurages. Elle était tenue aussi de balayer la salle à manger et le grand escalier de l'hôtel.

Le rôtisseur achetait toute la viande, morte ou vivante, la préparait, la piquait, etc.

Mais il n'était pas donné à tout le monde

---

[1] Dans les maisons où il n'y avait pas d'écuyer de cuisine, le cuisinier prenait parfois ce titre.

d'employer 63,000 livres à l'entretien de sa maison. Les gentilshommes aisés, qui devaient se contenter de « tenir un petit train », pouvaient s'en tirer avec 5,000 livres. Leur budget des dépenses se réglait ainsi :

Gages d'un valet de chambre, remplissant aussi les fonctions de maître d'hôtel.	250 liv.
Gages d'un cuisinier ou plutôt d'une cuisinière	90 —
Gages d'un cocher.	180 —
Gages de deux laquais à 120 livres chacun	240 —
Loyer	1,000 —
Nourriture	2,500 —
Blanchissage.	90 —
Entretien de l'écurie	800 —

Soit environ cinq mille livres.

Il faut y ajouter, mais comme dépense une fois faite, un « petit carosse coupé » de 500 livres, et deux « moyens chevaux » de 350 livres chacun.

Les étrangers et les personnes qui ne voulaient « avoir aucun embarras de ménage » pouvaient aussi prendre pension, pour eux et leur gens, dans une maison garnie.

Il fallait compter en ce cas :

Logement et nourriture du maître et
logement des domestiques. . . . 1,100 liv.
Gages et nourriture d'un valet de
chambre. . . . . 450 —
Gages et nourriture de deux laquais. 600 —
Un carrosse de remise loué 20 pistoles
par mois. . . . . 2,400 —

Tout cela revenait donc à 4,500 livres environ, et permettait de faire encore une certaine figure dans le monde.

A la mort de Louis XIV, les gloutons purent
pleurer la perte d'un glorieux confrère, les
gourmets saluer l'aurore d'une ère nouvelle.
Le Régent comprit que dans des banquets pa-
reils à celui qui coûta la vie au pauvre Vatel,
on bâfre, on ne mange pas, et de ses petits
soupers date cette exquise cuisine qui n'eut
bientôt plus de rivale en Europe.

Il serait téméraire de présenter le duc d'Orléans comme un modèle de toutes les vertus.
Sur un point cependant, il fut l'honneur de
son temps : il accrut l'éclat du trône, il dota
d'un brillant fleuron la couronne royale, il
fut en un mot le restaurateur de la cuisine
française et un gastronome accompli. Et voyez
comme les événements s'enchaînent. En inau-

gurant cette cuisine sévère et simple, qui
éveille l'intelligence au lieu de l'obscurcir, il
créa du même coup les repas assaisonnés de
gaieté et d'esprit, les soirées où prit naissance
la fine conversation, où se préparèrent l'affran-
chissement de l'esprit humain et la révolution
qui devait renverser la royauté.

Les dîners de Buffon, du baron d'Holbach,
d'Helvétius, de Quesnay, de La Popelinière;
ceux de mesdames de Lambert, de Tencin,
Geoffrin, du Deffand, de mademoiselle de
Lespinasse appartiennent à l'histoire littéraire,
artistique et politique de la France, point à
celle de la table. Quand madame Geoffrin offrait
à ses hôtes « un poulet, des épinards et une
omelette [1] », il est clair qu'on venait chez elle,
non pour y manger, mais pour y rencontrer
le lundi des artistes tels que Carle Vanloo,
Vernet, Boucher, Latour, Soufflot, et le mer-
credi des causeurs tels que Marivaux, Chastel-
lux, Saint-Lambert, Thomas, Marmontel, les
abbés Morellet, Galliani et Raynal. Madame
de Tencin déployait plus de luxe vis-à-vis de
ses bêtes, qui s'appelaient Montesquieu, Mairan,
Fontenelle, Bernis, Tressan. Mais on faisait

---

[1] MARMONTEL, *Mémoires*, édit. de 1804, t. II, p. 133.

toujours maigre chère dans le petit entre-sol de
Quesnay, où d'Alembert, Diderot, Buffon et
Turgot trouvaient parfois madame de Pompa-
dour.

Je reviens au Régent. Pour ses petits soupers, les mets « s'apprêtoient dans des endroits
faits exprès de plein pied, dont tous les ustensiles étoient en argent; les roués mettoient
souvent la main à l'œuvre avec les cuisiniers [1] ».
Saint-Simon eût pu ajouter que l'amphitryon
lui-même ne dédaignait pas de confectionner
certains plats fort appréciés. Le duc d'Orléans
excellait, en effet, dans la théorie et dans la
pratique de la cuisine. Il savait aussi bien la
faire [2] que la manger; et, quoiqu'il eût un
appétit presque égal à celui de Louis XIV [3], il
resta toujours un gourmet délicat. De qui
tenait-il tous ces dons? Pas de sa mère à coup
sûr, la grossière Allemande qui se plaignait
de n'avoir pas de cuisinier bavarois [4]; qui se
bourrait de choucroute, de saucissons fumés,
de soupes aux choux, au lard, à la bière et au

[1] SAINT-SIMON, t. XII, p. 442.
[2] *Lettres de la princesse palatine*, 25 novembre 1717,
t. I, p. 349.
[3] *Ibid.*, t. II, p. 51, 122, 164.
[4] *Ibid.*, 23 décembre 1717, t. I, p. 362.

vin [1] ; qui se vantait d'avoir mis à la mode les
jambons crus et les choux au sucre [2] ; qui, enfin,
méconnaissant la vraie gloire de son fils, osait
écrire : « Quoique je sois ici depuis quarante-
trois ans, je n'ai encore pu m'habituer à la
détestable cuisine de ce pays [3]. » Il paraît
que sa petite-fille la duchesse de Berry n'avait
pas les mêmes répugnances, car son « affreuse
gloutonnerie [4] » finit par la tuer [5].

Je n'ai ni la prétention, ni le désir de réha-
biliter Dubois, mais enfin il faut rendre justice
à tout le monde. Duclos [6] nous apprend que
ce trop fameux cardinal « entretenoit une
maison superbe et une table somptueuse, dont
il faisoit très-bien les honneurs, quoique sobre
lui-même ».

Louis XV aimait à s'occuper de cuisine, et
il s'est rendu célèbre par l'adresse avec laquelle
il ouvrait d'un coup de fourchette un œuf à la
coque [7]. Il ne compromit pas l'œuvre com-
mencée par le Régent, c'est le seul éloge qu'on

---

[1] Lettres de la princesse palatine, t. I, p. 135, 153, 340.
[2] Ibid., 22 octobre 1719, t. II, p. 172.
[3] Ibid., 20 septembre 1714, t. I, p. 146.
[4] Ibid., 2 avril 1719, t. II, p. 85.
[5] Ibid., t. II, p. 131, 132, 143.
[6] Mémoires, édit. Michaud, t. XXXIV, p. 601.
[7] Madame CAMPAN, Mémoires, t. I, p. 16.

puisse faire de lui. Le *Cuisinier royal et bour-geois*, imprimé en 1691[1], et le *Nouveau Cuisinier royal et bourgeois*[2], qui fut publié en 1714, donnent une idée des progrès accomplis au début de ce règne par l'art culinaire. Le second indique encore[3], comme plat du milieu pour un dîner de six à huit couverts, « une pièce de bœuf, garnie de petits pâtez et d'hatelettes de ris de veau couvertes d'essence de jambon[4] », mais c'est là une exception : désormais chaque sorte de mets est servie à part, avec le respect qui convient à une œuvre originale et conscien-cieuse. En 1746, parut enfin la *Cuisinière bourgeoise* de Menon, livre précieux qui, à tort ou à raison, a eu certainement plus d'édi-tions que les *Provinciales* de Pascal.

Je suis forcé de passer sous silence plusieurs ouvrages du même genre; je signalerai cepen-dant encore les *Dons de Comus*[5], traité dû

---

[1] Par MASSIALOT. Troisième édition en 1698.

[2] *Qui apprend à ordonner toute sorte de repas en gras et en maigre, et la meilleure manière des ragoûts les plus délicats et les plus à la mode; et toutes sortes de pâtisseries : avec des nouveaux desseins de tables. Ouvrage très-utile dans les familles, aux maîtres d'hôtel et officiers de cuisine.* Paris, 2 vol. in-12.

[3] Tome 1, p. 2.

[4] Jus de jambon cuit.

[5] *Les Dons de Comus, ou les Délices de la table,* 1739,

aux veilles du cuisinier François Marin. Cet habile homme eut l'idée de demander une préface à deux Jésuites, les Pères Brumoy et Bougeant, qui se chargèrent d'y exposer les perfectionnements introduits de leur temps dans l'art culinaire : « On distingue aujourd'hui, écrivaient-ils en 1739, chez les gens du métier et chez les personnes qui se piquent d'avoir une bonne table, la cuisine ancienne et la cuisine moderne. La cuisine ancienne est celle que les Français ont mise en vogue, et qu'on suivoit généralement il n'y a pas encore vingt ans. La cuisine moderne, établie sur les fondemens de l'ancienne, avec moins d'embarras, moins d'appareil et avec autant de variété, est plus simple, plus propre et peut-être encore plus sçavante. La science du cuisinier consiste aujourd'hui à décomposer, à faire digérer et à quintessencier des viandes, à en tirer des sucs nourrissans et légers, à les confondre de façon que rien ne domine et que tout se fasse sentir ; enfin, à leur donner cette union que les peintres donnent aux couleurs, et à les rendre si homogènes que de leurs différentes saveurs

in-12. Trois ans après parut la *Suite des Dons de Comus*, avec une préface par Meusnier de Querlon. Les deux ouvrages furent réunis en 1750, 3 vol. in-12.

il ne résulte qu'un goût fin et piquant, et si je l'ose dire, une harmonie de tous les goûts réunis. »

Les Français, race gourmande et trop disposée à une coupable indifférence en matière de cuisine, étaient donc peu à peu devenus plus connaisseurs et plus difficiles. Le duc de Luynes ne dédaignait pas de mentionner dans ses Mémoires la mort d'un excellent cuisinier[1], et Duclos écrivait vers 1765 : « Si les gens morts il y a soixante ans revenoient, ils ne reconnaîtroient pas Paris à l'égard de la table, des habits, des mœurs. Il n'y avoit, par exemple, de cuisiniers que dans les maisons de la première classe. Plus de la moitié de la magistrature ne se servoit que de cuisinières[2]. » Enfin, Mercier[3] résume en deux lignes l'œuvre du Régent : « On ne sait manger délicatement, dit-il, que depuis un demi-siècle. La délicieuse cuisine de Louis XV fut inconnue même à Louis XIV. »

Les repas de Louis XV étaient réglés d'une manière à peu près invariable pour

---

[1] Avril 1748, t. IX, p. 4.

[2] *Mémoires sur sa vie*, dans ses *OEuvres*, édit. de 1820, t. I, p. LXJ.

[3] *Tableau de Paris*, chap. CCCLXXXIII, t. V, p. 79.

toute l'année. Voici le menu d'un jour gras :

DÉJEUNER.

Bouillon extrait de : 1 chapon vieux, 4 livres de bœuf, 4 livres de veau et 4 livres de mouton.

DINER.

Un grand potage[1] de santé, composé de deux chapons.

Un grand potage, composé de quatre perdrix aux choux.

Un moyen potage, composé de six pigeons de volière.

Un moyen potage, composé de crêtes de coq et de béatilles[2].

Un petit potage, composé d'un chapon haché.

Un petit potage, composé de perdrix aux lentilles.

Un petit potage, composé de trois poulets farcis.

Un petit potage, au blanc-manger.

Une grande entrée, composée de un quartier de veau.

Une grande entrée, composée de douze pigeons.

Une moyenne entrée, composée de six poulets fricassés.

Une moyenne entrée, composée de deux perdrix en hachis.

Une petite entrée, composée de trois perdrix au jus.

[1] Voy. ci-dessus, p. 132.
[2] Voy. ci-dessus, p. 133.

Une petite entrée, composée de six tourtes à la braise.

Une petite entrée, composée de deux dindons grillés.

Une petite entrée, composée de trois poulets truffés.

Une petite entrée, composée de quatre perdrix.

Une petite entrée, composée de deux poulardes aux truffes.

Un grand plat de rôt, composé de deux chapons gras, neuf poulets et neuf pigeons.

Un grand plat de rôt, composé de deux hétudeaux [1], deux perdrix et quatre tourtes [2].

Un petit plat de rôt, composé de un chaponneau et deux bécasses.

Un petit plat de rôt, composé de deux sarcelles et trois perdrix.

Dessert varié.

SOUPER.

Un grand potage, composé de deux chapons vieux.

Un grand potage, composé de douze pigeons de volière.

Un petit potage, composé d'une perdrix au parmesan.

Un petit potage, composé de quatre pigeons de volière.

[1] Voy. ci-dessus, p. 69.
[2] Voy. ci-dessus, p. 74.

Un petit potage, composé de deux sarcelles aux lentilles.

Un petit potage, composé d'une poularde au pourpier.

Une petite entrée, composée de six poulets.

Une petite entrée, composée de huit livres de veau.

Une petite entrée, composée de trois poulets gras.

Une petite entrée, composée d'un faisan.

Une petite entrée, composée de trois perdrix.

Une petite entrée, composée de huit livres de veau.

Une petite entrée, composée de quatre perdrix.

Une petite entrée, composée de deux poulets grillés en pâté.

Un grand plat de rôt, composé de deux poulardes, quatre hétudeaux et huit pigeons.

Un grand plat de rôt, composé de neuf poulets, deux perdrix et quatre tourtes.

Un petit plat de rôt, composé d'une poularde et de deux bécasses.

Un petit plat de rôt, composé de deux sarcelles et de cinq perdrix.

Dessert varié [1].

Marie-Antoinette était d'une extrême sobriété. Elle ne témoignait de goût particulier que pour son café au lait du matin et pour une

---

[1] *État et menu général de la Maison du Roy*, année 1747. Bibliothèque Mazarine, *manuscrits*, n° 2806²⁶, p. 20.

sorte de pain auquel elle avait été accoutumée à Vienne dès son enfance. La volaille rôtie ou bouillie constituait sa nourriture habituelle [1].

Le pauvre Louis XVI se montra toujours aussi peu éclairé en cuisiné qu'en politique, ce qui n'était vraiment pas une raison suffisante pour lui couper le cou. Né faible et délicat, il devint d'une force prodigieuse [2], et il possédait un appétit formidable, qui ne l'abandonna dans aucune des douloureuses épreuves qu'il eut à traverser. Le jour de sa première comparution devant ses juges, après cette séance où il venait d'entendre l'acte d'accusation qui déroulait à ses yeux le tableau des fautes de son règne, après l'interrogatoire auquel il se soumit en inculpé vulgaire, oubliant qu'il pouvait répondre, en roi par le silence, ou en homme d'État par l'aveu hardi et raisonné de ses actes... il avait faim. Et comme Chaumette, le terrible procureur de la Commune, tenait à la main un petit pain, à voix basse il le pria de lui en donner un morceau. « Demandez à haute voix ce que vous désirez, lui répondit Chaumette, en se reculant comme

---

[1] Madame CAMPAN, *Mémoires*, t. I, p. 104.
[2] SOULAVIE, *Mémoires du règne de Louis XVI*, t. II, p. 48.

s'il eût craint le soupçon même de la pitié. —
Je vous demande un morceau de pain », reprit
le roi en élevant la voix [1]. Rentré au Temple,
il put enfin satisfaire cet appétit si impérieux.
Il se mit à table, mangea six côtelettes, un gros
morceau de volaille, des œufs, but deux verres
de vin blanc, un verre d'alicante, puis alla se
coucher [2].

Il faut rendre cette justice à la Convention
qu'elle se montra vis-à-vis de son prisonnier
beaucoup moins dure qu'on ne le croit généralement. Sans doute, le mobilier n'était pas
somptueux : on avait dû l'emprunter aux
pièces occupées jadis par des écuyers du comte
d'Artois; mais les repas étaient servis encore
avec un certain luxe. La Convention avait
d'abord voté pour l'entretien des prisonniers
une somme de cinq cent mille livres, qui, en
ce temps de famine et de misère, valait bien
un million d'aujourd'hui. En deux mois et
demi, la dépense de table s'éleva à 28,745 livres,
soit environ 400 livres par jour. Louis XVI
avait au Temple trois domestiques et treize
officiers de bouche : un chef de cuisine, un

---

[1] PRUDHOMME, *Révolutions de Paris*, n° 179, p. 524.
[2] *Procès de Louis XVI*, 1798, 2 in-8°, t. I, p. 161.

rôtisseur, un pâtissier, un garçon de cuisine,
un laveur de vaisselle et un tournebroche ;
un chef, un aide et un garçon d'office ; un
garde de l'argenterie et trois garçons servants.
Les prisonniers consommaient en moyenne
par jour :

Pain, 10 liv., à 4 et 5 sols la livre.
Viande, 100 liv., à 13 sols la livre.
Lard, 25 liv., à 16 sols la livre.
Volaille, 56 liv.
Poisson, 10 liv.

Du 13 août au 10 septembre, on relève les
fournitures suivantes :

428 liv. de beurre.
160 petits pains au beurre.
2,152 oeufs frais.
111 pintes de crème.
41 pintes de lait.
228 bouteilles de vin.
1,516 liv. de bois.
245 liv. de charbon.
400 liv. de bougie.

Le dîner se composait de :

3 potages.
4 entrées.
3 plats de rôts, chacun de 3 pièces.
4 entremets.
1 assiette de petits fours.

3 compotes.

3 assiettes de fruit.

3 pains au beurre.

1 bouteille de vin de Champagne.

1 carafon de vin de Bordeaux.

1   —   Malvoisie.

1   —   Madère.

4 tasses de café.

Le souper était à peu près semblable au dîner, mais on n'y servait pas de café.

Louis XVI seul buvait du vin, toute sa famille se contentait d'eau [1].

A cette rapide esquisse des progrès de l'art culinaire en France, il faut une conclusion. Elle aura le mérite d'être imprévue. La cuisine est peu à peu devenue plus simple et plus saine, on mange moins, mieux et à des heures réglées, et... je laisse parler Mercier, qui vers 1780 écrivait ceci : « On ose presque se vanter d'avoir un bon estomac, ce qu'on n'auroit pas osé faire il y a vingt ans [2]. »

[1] *Rapport du citoyen Verdier au Conseil général*, **28** novembre 1792 ; dans BUCHEZ et ROUX, *Histoire parlementaire de la Révolution*, t. XXII, p. 335.

[2] *Tableau de Paris*, t. IV, p. 123.

ÉCLAIRCISSEMENTS

ÉCLAIRCISSEMENTS

I

LES MESUREURS[1].

Les Mesureurs étaient des fonctionnaires publics assermentés, qui avaient pour mission de mesurer certaines denrées.

L'institution des Mesureurs constituait une des nombreuses précautions prises par l'autorité pour assurer la loyauté des transactions commerciales. A tort ou à raison, l'État paraissait convaincu que tout fabricant, tout vendeur chercheraient infailliblement à tromper l'acheteur. Cependant, le marchand avait en général le droit de mesurer lui-même sa marchandise quand il ne s'agissait que d'une vente sans grande importance, un boisseau ou un setier, par exemple. Au delà, le Mesureur intervenait, à moins que les deux contractants ne se fussent entendus à l'amiable et ne réclamassent

---

[1] Voy. ci-dessus, p. 25.

pas son ministère. Ce fait était rare, surtout entre
marchands et bourgeois, car le Mesureur, intermé-
diaire désintéressé et à qui le commerce était défendu, servait de garantie, non-seulement pour
l'exactitude des mesures et du mesurage, mais encore pour le prix et la qualité.

Néanmoins, l'emploi des Mesureurs jurés restait
toujours facultatif. Le *Livre des métiers* en témoigne
de la manière la plus formelle [1], et l'ordonnance
du 4 février 1567 punit du fouet et de vingt livres
d'amende tout Mesureur juré qui « voudroit user de
contrainte sur les vendeurs ou les acheteurs [2] ».

Quelques charges de Mesureurs sont antérieures
au treizième siècle; d'autres ne furent créées que
beaucoup plus tard. On finit par préposer des Mesureurs à la vente de presque toutes les denrées,
grains, charbon, aulx, oignons, noix, pommes,
nèfles, châtaignes, chaux, guède, huile, sel, plâtre,
draps, toiles, etc. Quelques-uns portaient des noms
spéciaux, les Mouleurs de bois et les Jaugeurs de
vin, entre autres.

Dès le treizième siècle, les Mesureurs étaient
exempts du service du guet. Pourquoi? « En considération des services qu'ils rendaient, et qu'on regardait comme services publics », écrit M. Lecaron [3].
Mais le *Livre des métiers* déclare expressément
qu'ils devaient ce privilége à la modicité de leur

---

[1] Titre LXIII, art. 5.

[2] DELAMARRE, *Traité de la police*, t. II, p. 756.

[3] *Mémoires de la Société de l'Histoire de Paris*, année
1880, p. 119.

salaire : « Nus Mesureur, y est-il dit, ne doit point de gueit, car ce sont une manière de gaigne-maille [1]. »

La grande ordonnance de février 1415 fournit des renseignements précieux sur l'organisation des Mesureurs à cette époque.

Ils étaient à la nomination du prévôt des marchands, chef de la municipalité. Celui-ci devait choisir pour ces fonctions « homme qui, par information deuëment faite, sera trouvé estre de bonne vie, renommée et honneste conversation, sans aucun blasme ou reproche, suffisant et idoine pour iceluy office exercer ».

Avant d'entrer en charge, le Mesureur jurait « que justement et loyaument il exercera iceluy office en sa personne, et gardera le droit du vendeur et de l'acheteur; qu'il ne prendra ny demandera plus grand salaire que celuy qui est ordonné pour ledit office exercer,... et que s'il sçait chose qui soit faite au préjudice des priviléges et franchises de la Ville, incontinent il le fera sçavoir au prévost ».

Ce serment prêté, le Mesureur était mis en possession de sa charge par un sergent de la prévôté. Certains Mesureurs versaient une caution, d'autres offraient un *past* ou repas de bienvenue à leurs collègues.

Au commencement du dix-septième siècle, le roi se substitua à la Ville pour la nomination des Mesureurs, et Louis XIV augmenta à plusieurs re-

---

[1] Titre IV, art. 13.

prises le nombre des charges, qui furent dès lors vendues par l'État, et devinrent la propriété des acquéreurs. Aussi, malgré les édits, les ordonnances et les règlements, les titulaires de ces charges se bornaient à toucher les intérêts de leur office, et le faisaient exercer par des aides. C'est ainsi que Philippe Caffieri, père de l'artiste à qui l'on doit les beaux bustes du Théâtre-Français put, dans son acte de décès, être qualifié de « sculpteur du Roy et Mouleur de bois ».

Presque toutes les charges de Mesureurs jurés furent supprimées par un édit de 1719, qui confia ces fonctions à de simples commis nommés par le prévôt des marchands.

Les Mesureurs de grains, les Mouleurs de bois, les Jaugeurs de vin, les Mesureurs de sel, les Mesureurs d'aulx et d'oignons sont les seuls dont l'histoire offre quelque intérêt au point de vue des mœurs de nos ancêtres. Je ne m'occuperai donc ici que de ceux-là.

MESUREURS DE GRAINS. Ils existaient dès le treizième siècle, car leurs statuts figurent dans le *Livre des métiers* [1]. La mesure dont ils se servaient, « mine ou minot », devait être « seigniée au seing le Roi. ». Si elle s'endommageait par l'usage, il fallait la porter « au parloir aux Bourgeois [2]. » pour la faire contrôler. Dans le cas où elle était reconnue inexacte, on la brisait, et on ne rendait au Mesureur

---

[1] Titre IV.
[2] A l'Hôtel de ville.

que les cercles de fer; l'examen coûtait quatre deniers[1], et le Mesureur devait se procurer à ses frais
une nouvelle mesure.

L'ordonnance de janvier 1350[2] limita à 54 le
nombre des Mesureurs de grains. Celle de février
1415 le réduisit à 50, et fixa à 10 livres parisis la
caution qu'ils devaient verser[3]. Ils étaient alors
divisés en trois *bandes*, dont l'une travaillait à la
Grève, l'autre aux Halles, et la troisième au marché
de la Juiverie dans la Cité. Le mesurage de la farine
était payé deux fois plus cher que celui des grains.

On trouve dans l'ordonnance du prévôt de Paris
du 12 juillet 1438, renouvelée en 1471, en 1546, etc.,
l'origine de nos *mercuriales* officielles. Les Mesureurs de grains étaient tenus de faire connaître,
après chaque marché, « au greffier de la police ou
clerc de la prévôté le prix que aura valu iceluy
jour le blé froment, le seigle et l'orge ». La plus
ancienne de ces *mercuriales* que j'aie trouvée aux
Archives nationales remonte au commencement de
mai 1520, mais elle est illisible. J'ai pu déchiffrer
la cinquième, qui est ainsi conçue :

« L'an dessus dict[4], le samedi second jour de
juing, Jehan Desmarchaiz et Guillaume Poupin-
court, Mesureurs es halles, rapportèrent bled froment le meilleur[5], xxviii s.; xxv muys autres des

---

[1] Environ deux francs de notre monnaie.
[2] Titre V.
[3] Chapitre ii.
[4] 1520.
[5] Dans les autres mercuriales, on lit : « Le meilleur de
France et Brye. »

diz lieux, xxvii s. 4 d.; xix muys autres d'iceulx lieux, xxvi s. 8 d. et xxvi s. 4 d.; xiiii muys autres, xxv s.; x muys autres, xxiv s.; ix muys mestueil blanc, xxiii s.; autre mestueil blanc, xxii s.; et xxi autres mestueils, xx, xviii, xvii et xvi s. Seigle, xiiii s. et xv s. Orge, xii s. Avoyne, xviii et xvii s.

« A l'escolle Saint-Germain, bled de Xanters [1], xxvi s. 4 d., cinq muys.

« Ce jour, Benard Robequin et Pierre Le Mareschal, mesureurs en Grève, rapportèrent bled froment le meilleur de Meaulx, xxvi s. environ; xviii muys autres dudit lieu, xxv s. environ; xxxiiii muys [2]. »

L'édit de février 1633 porta à 63 le nombre des Mesureurs de grains. On leur avait officiellement reconnu pour armoiries : *D'or, à une fasce de sable, accompagnée de trois gerbes de gueules, deux en chef et une en pointe* [3].

MOULEURS DE BOIS. Le bois à brûler était mesuré autrefois au *moule* ou à la *corde*. Toutes les bûches devaient avoir trois pieds et demi [4] de longueur, et l'on employait, suivant leur grosseur, l'une ou l'autre des deux mesures.

Le *moule* était un anneau de fer qui avait six pieds et demi de diamètre. Il était marqué d'une

[1] Ailleurs on lit : « Saintoys. »
[2] Archives nationales, KK 962, fo 1, vo.
[3] Bibliothèque nationale, manuscrits, *Armorial général,* Paris, t. III, p. 377.
[4] Environ 1 mètre 15 centim.

Item En la ville de paris aura par nombre plusieurs comp
teurs et modleurs de busche et non plus, sans ce que aucun
autre se puisse entremettre de
et ce et lofsice desdis modleurs
et compteurs. Sur peine dame
de arbitraire.

Item Quant le dit office de
compteurs et modleurs aura que tel
lesdis prendront des marchans a
esi geun le bourron a homme,
qui par information deuement
saire, sera trouue estre de bonne vie rendue, et honneste couer
sacion. Sans aucun blasme ou reprouche, et habille souffisant,
et peune pour preslu office ettera.

fleur de lys, et l'étalon s'en conservait à l'Hôtel de ville. Il servait à mesurer les bûches qui avaient au moins dix-sept pouces [1] de grosseur. En général, il entrait environ seize bûches par moule, et trois moules auxquels on ajoutait douze bûches faisaient la charge d'une charrette. Aussi appelait-on le gros bois *bois de moule* ou *bois de compte*, et le nom de *Compteurs de bûches* était souvent donné aux Mouleurs. L'édition publiée en 1500 de la grande ordonnance de février 1415 renferme [2] une gravure qui représente un Mouleur de bois occupé à remplir un moule.

Les bûches d'une grosseur inférieure à dix-sept pouces se mesuraient à la *corde*. La *corde* était composée de quatre pieux fichés en terre et formant un quadrilatère de huit pieds sur quatre [3]. C'est en 1641 seulement que, par ordre de la municipalité, fut construit l'étalon de cette mesure, membrure en charpente à laquelle on ne donna que quatre pieds en tous sens. Elle contenait environ 96 bûches [4].

Delamarre croit qu'il existait des Mouleurs de bois dès l'année 1170 [5]. Je les trouve mentionnés pour la première fois dans la *Taille de* 1292, qui en cite quatre. L'ordonnance de janvier 1350 veut qu'il y ait à Paris « cinquante mesureurs de busches tant seulement [6] », et l'ordonnance de février 1415

[1] Environ 50 centim.
[2] Page xxxii.
[3] Environ 2m,64 sur 1m,32.
[4] Delamarre, *Traité de la police*, t. III, p. 836.
[5] *Ibid.*, t. III, p. 887.
[6] Art. 212.

fixe leur nombre à quarante « jurez compteurs et
mouleurs de busche[1] ».

Après avoir prêté serment, chaque Mouleur devait bailler au clerc[2] de la ville cinq sous, et verser
six livres dans la caisse de la confrérie. Il offrait
ensuite un *past* ou repas à ses confrères; le clerc de
la ville n'y assistait pas, mais il avait droit à « deux
pains, un mets de chair et deux pots de vin[3] ». Les
Mouleurs étaient tenus de « faire continuelle rési-
dence à jours ouvriers » sur les ports de la Grève,
de l'école Saint-Germain et de la Bûcherie, « afin
que le peuple en soit diligemment servy ». En cas
de maladie, la corporation fournissait à celui de
ses membres qui était incapable de travailler quatre
sous par semaine.

Le nombre des Mouleurs de bois fut porté à 51
par l'édit de 1633, à 100 par l'édit de 1644, à 160
par l'édit de 1646. Louis XIV créa en outre des
offices de *Contrôleurs de la bûche*, qui furent ra-
chetés par les Mouleurs, et ceux-ci purent alors
prendre le titre un peu prétentieux de *Jurés Mou-
leurs-Compteurs-Cordeurs-Mesureurs et Visiteurs de
toutes sortes de bois, à brûler, à bâtir et d'ouvrages.*
Comme je l'ai dit, ils se faisaient alors suppléer
par les *Aides à mouleurs de bois*, dont l'ordonnance
de décembre 1672 détermine ainsi les fonctions :
« Seront les Aydes à mouleurs tenus de mettre les

---

[1] Chap. xiii.
[2] Secrétaire.
[3] Ces sortes de redevances se rencontrent fréquemment
dans l'histoire des corporations ouvrières.

bois par le milieu dans les membrures, et les ranger de sorte que la mesure s'y trouve bonne et loyale, sans y souffrir aucuns bois courts ou si tortus que la mesure en soit diminuée. A eux fait défenses de travailler qu'en présence des Jurez-Mouleurs [1]. »

Les Mouleurs de bois avaient pour patronne sainte Geneviève, dont ils célébraient la fête, le 3 janvier à l'église Saint-Jean en Grève. Leur corporation portait pour armoiries : *D'argent, à un agneau de sable, à un chef de gueules semé de fleurs de lys d'or* [2], et celle des Aides à mouleurs : *D'azur, à un bûcher d'or enflammé de gueules* [3].

JAUGEURS. Leurs statuts figurent dans le *Livre des métiers* [4]. Nous y voyons qu'ils étaient chargés de déterminer la contenance des tonneaux employés par les marchands de vin, de vinaigre, d'huile et de miel. Leur intervention était facultative; mais si vendeur ou acheteur la requéraient, ils ne pouvaient refuser leur ministère. Ils exerçaient « par tout dedenz la prevosté de Paris »; aussi, quand la distance à parcourir exigeait l'emploi de plusieurs heures, celui qui les appelait devait payer les frais de déplacement et leur fournir un cheval, « cil qui le maine doit livrer cheval et leurs despens ». Ils touchaient deux deniers [5] par tonneau jaugé, le double pour un tonneau de miel.

---

[1] Chap. xx, art. 1.
[2] *Armorial général*, Paris, t. II, f⁰ 85.
[3] *Ibid.*, t. III, p. 300.
[4] Titre VI.
[5] Environ un franc de notre monnaie.

Si un Jaugeur était embarrassé pour déterminer la contenance d'un vaisseau, il devait appeler à son aide un de ses confrères, et s'ils ne pouvaient s'entendre, un troisième venait encore se joindre à eux. Les Jaugeurs étaient alors au nombre de dix ; la *Taille* de 1292 n'en mentionne néanmoins que trois.

L'ordonnance de février 1415 [1] déclare que ces fonctionnaires sont établis pour jauger « toutes liqueurs qui se vendent en gros, comme bières, cidres, vinaigres, verjus, huiles, graisses, etc. ». Ils ne pouvaient exercer sans l'assistance d'un collègue : « Nul jaugeur ne jaugera seul », dit l'ordonnance. Leur nombre est fixé à six maîtres et six apprentis. Ces derniers devaient servir pendant une année au moins sous la direction d'un Jaugeur avant d'être reconnus aptes à mesurer. Il n'était accordé à chaque maître qu'un seul apprenti. Quand une vacance se produisait dans la corporation, le plus ancien des apprentis obtenait la maîtrise.

L'édit de février 1633 porta à huit le nombre des Jaugeurs ; mais il n'accorda qu'aux six plus anciens un apprenti destiné à leur succéder.

Louis XIV créa et vendit à diverses reprises de nouvelles charges, 8 en 1645, 32 en 1689, bien d'autres encore sous les titres d'*Essayeurs et Contrôleurs d'eau-de-vie* (1690, 1703), *de bière* (1697, 1705), *d'huile* (1705), etc. Mais l'édit de 1715 supprima tous ces offices et réduisit à seize le nombre

---

[1] Chapitre VII.

des Jaugeurs, qui fut porté à vingt-quatre par l'édit de 1719.

La corporation avait pour armoiries : *D'argent, à une fasce de sable, accompagnée de trois tonneaux de vin de même, cerclés d'or, deux en chef et un en pointe* [1]. Son patron était saint Nicolas, dont elle célébrait la fête le 6 décembre à l'église Saint-Bon.

Mesureurs de sel. Leur existence paraît antérieure à l'an 1200. L'ordonnance de février 1415 fixe leur nombre à vingt-quatre [2].

Les Mesureurs de sel, que l'on trouve aussi nommés *amineurs*, avaient encore le titre de *Compteurs de saline* et celui d'*Étalonneurs et Visiteurs des mesures*.

Comme *Compteurs de saline*, ils étaient chargés de compter les poissons salés et le beurre qui arrivaient à Paris par bateaux.

Comme *Étalonneurs et Visiteurs*, ils devaient « adjuster sur les estalons de cuyvre qui sont à l'Hostel de ville » et poinçonner après examen les mesures destinées au commerce du sel et à celui des grains : minots, boisseaux, picotins, etc. Ils faisaient chaque année une visite chez les marchands qui se servaient de ces mesures, s'assuraient qu'elles étaient en bon état, et signalaient au besoin les contraventions. Toute fraude non révélée les exposait à une amende de soixante sous.

---

[1] *Armorial général*, t. III, p. 387.
[2] Chapitre xviii.

L'ordonnance de décembre 1672 statue que l'armoire de l'Hôtel de ville, renfermant les étalons des mesures employées par les marchands de grains et par les marchands de sel, sera fermée à deux clefs, dont l'une restera entre les mains du plus ancien des Mesureurs de sel, l'autre entre les mains du dernier nommé.

MESUREURS D'AULX ET D'OIGNONS. L'ordonnance de 1415[1] les nomme *Mesureurs et Revisiteurs d'aulx et d'oignons*, et fixe leur nombre à deux. Après avoir prêté serment, ils payaient deux sous au sergent de la prévôté qui les installait, et ils fournissaient une caution de dix livres parisis. Les marchands pouvaient mesurer eux-mêmes les petites quantités. Les Mesureurs Jurés n'intervenaient que si la vente atteignait au moins un minot. Voici comment ils devaient opérer : « L'un sera à genoux et embrassera le minot par les bords de dessus; et l'autre mettra les oignons dedans le minot, et l'emplira tant que les bras de l'autre seront tous combles. Et quand il sera ainsi plein, ledit Mesureur ostera ses bras, et adonc les oignons du comble qui cherront à terre appartiendront au marchand vendeur, et ceux qui demeureront au minot seront à l'achepteur. »

Les Mesureurs visitaient chaque jour les aulx et les oignons arrivant soit par eau, soit par terre, et devaient détruire tous ceux qui n'étaient pas trouvés « bons, loyaux et marchands ».

---

[1] Chapitre xxvii.

Il y avait tous les ans à Paris, pendant le mois de septembre, une *foire aux oignons*, où les bourgeois venaient faire leur provision pour l'hiver. Elle se tint d'abord au parvis Notre-Dame, puis, vers la fin du dix-septième siècle, fut transportée sur le quai Bourbon.

II

EXTRAIT DE

LES DÉLICES DE LA CAMPAGNE

Par N. DE BONNEFONS [1]

[1655]

INSTRUCTION POUR LES FESTINS

Une compagnie de trente personnes de haute condition et que l'on voudra traiter somptueusement, je suis d'avis que l'on fasse dresser une table d'autant de couverts, à la distance l'un de l'autre l'espace d'une chaise : en mettant quatorze d'un costé, une au bout d'en haut, et une ou deux au bas. Que la table soit assez large. Que la nape traisne jusques à terre de tous costez. Qu'il y ait plusieurs sallières à fourchons et porte-assiettes dans le milieu, pour poser des plats volans.

[1] Voy. ci-dessus, p. 165.

PREMIER SERVICE. L'entrée de table; on leur servira trente bassins, dans lesquels il n'y aura que des pottages, hachis, et pannades. Qu'il y en ait quinze où les chairs paroissent entières, et aux autres quinze les hachis sur le pain mitonné. Que l'on les serve alternativement, mettant au haut bout d'un costé un bon pottage de santé, et de l'autre costé un pottage à la Royne, fait de quelque hachis de perdrix ou faisant. Après, dessous le pottage de santé un autre hachis sur les champignons, artichaux ou autres déguisemens, et vis-à-vis une bisque. Sous l'autre hachis, un potage garny; sous la bisque une Jacobine ou autre, et ainsi alternativement jusques au bas bout, mettant toujours après un fort un autre foible.

SECOND SERVICE. Il sera composé de toutes sortes de ragouts, comme les fricassées, les cour-boüillons, les venaisons rôties et en pâte, les pâtés en croûte feüilletée, les tourtes d'entrée, les jambons, langues, andoüilles, saucisses et boudins, melons et fruits d'entrée selon la saison; avec quelques petits ragouts et sallades dans le milieu, sur les sallières et porte-assiettes. Le Maistre d'hostel observera plusieurs sujetlions nécessaires. En premier lieu, il servira toûjours du costé droit, s'il se peut, à cause de la commodité de la main qui pose les plats. En second lieu, il luy faut un aide pour desservir de l'autre costé, lequel ne lèvera qu'à mesure qu'il servira, et ne lui laissera que quatre places vuides. En troisième, il ne posera jamais un bassin chargé de grosses viandes devant les personnes plus consi-

dérables, à cause qu'il leur boucheroit la veüe du
service, et que cette personne seroit obligée de dé-
pecer pour présenter aux autres. Et en quatrième
lieu, que les plats soient si bien disposez qu'il y en
ait des forts et des foibles, d'un costé et d'autre,
à distance égalle, autant qu'il se pourra, mélangeant
si bien son service qu'il semble qu'il n'y ait point
de plats doubles, par l'éloignement de l'un à l'autre
et le changement de costé.

TROISIESME SERVICE. Il sera tout de gros rosty,
comme perdrix, faisans, beccasses, ramiers, dindons,
poulets, levrauts, lapins, agneaux entiers, et autres
semblables; mettant les orenges, citrons, olives, et
les saucières dans le milieu.

QUATRIESME SERVICE. Ce sera le petit rosty, comme
beccassines, grives, alloüettes. Il y joindra aussi les
fritures de toutes sortes; et il meslangera un plat de
petit rosty avec un de fritures, laissant les fruits
et sauces du milieu sur les porte-assiettes.

CINQUIESME SERVICE. Si l'on veut servir du poisson
cuit au lard, on mettra seulement des saumons entiers, des truittes, des carpes, des brochets et des
pastez de poisson; entre meslant ces plats de fricassées de tortües avec les écailles par dessus, et des
écrevisses: regarnissant le milieu d'orenges et citrons, s'il en manque.

SIXIESME SERVICE. Il sera de toutes sortes d'entremets au beurre et au lard; de toutes sortes d'œufs,

tant au jus de gigot qu'à la poesle, et d'autres au sucre, froids et chauds; avec les gelées de toutes les couleurs, et les blancs-mangers, mettant les artichaux, cardons et sceleri au poivre dans le milieu sur les sallières.

SEPTIESME SERVICE. Il n'y faudra que des fruits, en cas que la saison le permette, avec les cresmes, et peu de pièces de four. L'on servira sur les porteassiettes les amandes et cerneaux pelez.

HUICTIESME SERVICE. L'issuë sera composée de toutes sortes de confitures liquides et sèches, de massepains, conserves, et glacis sur les assiettes, les branches de fenoüil poudrez de sucre de toutes couleurs armées de curedens, et les muscadins[1] ou dragées de verdun dans les petites abaisses de sucre musqué et ambré.

Le Maistre d'hôtel donnera ordre que l'on change les assiettes au moins à chaque service, et les serviettes de deux en deux.

Pour desservir, il commencera par le bas bout, et à mesure son second levera les assiettes, les sallières, et tout ce qui sera sur la table, à la nape près, finissant par le haut bout, où il donnera à laver pendant que son second jettera la serviette, il des-

---

[1] « Prenez de la poudre de sucre, un peu de gomme adragant que vous aurez fait tremper dans de l'eau de fleurs d'orange et de musc. Pilez le tout ensemble, faites le en forme de muscadins, et les faites sécher de loin au feu ou au soleil. » LAVARENNE, *le Parfaict Confiturier*, p. 109. — Tout muscadin était une pastille au musc.

cendra jusque au bas bout, rechangeant de bassin s'il est trop plein.

EN POISSON [1].

Pour l'entrée, elle sera de bisques et de pottages, tous différens si l'on veut, d'autant que l'on peut déguiser à l'infiny.

Au second, seront les carpes et tanches farcies, les étuvées, ce qui est cuit dans la casserolle et sur le gril, avec les pastés chauds et froids.

Au troisième, les cour-boüillons et les poissons frits.

Au quatrième, les entremets chauds, les œufs sans sucre et les soupresses [2].

Au cinquième, les œufs mignons et autres au sucre, avec les poivrades.

Au six et au sept, les fruits, pâtisseries, confitures, conserves et massepains, ainsi qu'aux jours de chair.

Pour ce qui est des fruits d'entrée, comme raves, melons, meures, prunes, cerizes, abricots, pesches, orenges, citrons, sallades et autres, il les placera

---

[1] C'est-à-dire *Jours maigres.*

[2] « Prenez chairs de carpes, d'anguilles et de tanches, hachez les ensemble, et assaisonnez de peu de beurre bien frais, de capre et de fines herbes. Serrez le tout dans un linge et le liez, puis le faites cuire avec du vin blanc en façon de court bouillon. Estant cuit, mettez le esgoutter; estant esgoutté, déliez le, le coupez par tranches, et le servez sur une assiette comme du jambon. » LAVARENNE, *le Cuisinier françois*, p. 198.

sur les porte-assiettes tout ainsi que j'ay dit au festin de chair, chacun dans son service convenable. Et l'on observera dans le temps que les fruits seront en abondance de ne mettre que peu de pièces de four dans le dessert : comme au contraire, quand ils seront rares, de récompenser et remplir la table de beaucoup de pièces de four.

POUR UNE TABLE RONDE OU QUARRÉE
A DOUZE PERSONNES.

La grande mode est de mettre quatre beaux pottages dans les quatre coins, et quatre porte-assiettes entre deux, tirant sur le milieu de la table; avec quatre sallières qui toucheront les bassins des pottages en dedans. Sur les porte-assiettes, on mettra quatre entrées dans des tourtières à l'Italienne. Les assiettes des conviez seront creuses aussi, afin que l'on puisse se représenter du potage, ou s'en servir à soy mesme ce que chacun en désirera manger, sans prendre cueillerée à cueillerée dans le plat, à cause du dégoust que l'on peut avoir les uns des autres de la cueiller qui, au sortir de la bouche, puisera dans le plat sans l'essuyer auparavant.

Le second sera de quatre fortes pièces dans les coins, soit cour-boüillons, la pièce de bœuf, ou du gros rosty, et sur les assiettes les sallades.

Au troisième, la volaille et gibier rosty, sur les assiettes le petit rosty, et ainsi tout le reste.

Le milieu de la table sera laissé vuide, d'autant que le Maistre d'hostel aura peine à y attaindre à cause de sa largeur. Si l'on le veut remplir on y

pourra mettre les melons, les sallades différentes
dans un bassin sur de petites assiettes pour la faci-
lité de se les présenter, les orenges et citrons, les
confitures liquides dans de petites abaisses de
massepain aussi sur des assiettes.

Peut estre que l'on trouvera que j'en ay dit trop
peu, pour instruire amplement comme l'on sou-
haitteroit ; mais il suffira, pourveu que l'on conçoive
bien mon intention, et que l'on entre dans mes
mesmes sentimens. Si l'on veut moins dépencer,
on réduira deux services en un, faisant choix de ce
qui y conviendra le mieux. J'écris pour les
hommes raisonnables comme sont ceux qui s'in-
gèrent de la conduite des festins, qui est peut estre
un des employs les plus difficiles à mettre à exécution de tous ceux auxquels l'homme s'applique ;
d'autant que l'on dépend de tant de sortes de gens,
différens d'esprit et d'humeur, qu'il faut à poinct
nommé et à l'heure précise que tout se rencontre
ainsi que l'on l'a projecté, et aussi que l'on est à la
censure d'autres de plus grande condition, à qui
leur peu d'appétit ou leur mauvaise humeur fera
blasmer ce qui seroit très agréable aux autres (qui
sur leur seul rapport de quelque plat lequel ne leur
semblera pas bon) n'oseront y gouster, crainte
d'estre obligez d'approuver ce qu'ils improuvent, ou
bien de se dégouster eux-mesmes si par malheur
l'assaisonnement ne se rencontroit pas estre à leur
goust. Il est très nécessaire que le Maistre d'hostel
voye ce qui se passe dans les autres grands festins,
afin qu'il controlle en son particulier ce qu'il trouvera ne se pas accorder à son sentiment, et aussi

qu'il y apprendra toûjours quelque nouveauté.

Pour l'ordre qu'il doit tenir en la dépence, il sçaura la volonté de celuy qui veut traitter et ce qu'il voudra dépencer; et réglera si bien son affaire que les pièces de viande que le rôtisseur fournira ne se montent à plus haut prix d'argent que le tiers de tout le festin. Et surtout il sera soigneux de faire des mémoires bien au net, et qui s'expliquent bien, ainsi que j'ay déjà dit cy-devant en l'Epistre que je leur ay adressée.

III

PRÉFACE DE

LA MAISON RÉGLÉE

Par Audiger[1]

[1692]

Ayant été prié plusieurs fois par différentes personnes de considération de les instruire de la manière que se doit faire et gouverner la maison d'un grand seigneur, des officiers et autres domestiques qui luy étoient nécessaires suivant l'état de sa vie, et à quelle dépense cela pouvoit aller par an, tant pour sa table que pour ses gens et son écurie, j'y travaillay par complaisance, et la leur donnay telle

---

[1] Voy. ci-dessus, p. 195.

que l'expérience me l'avoit pû aprendre dans tous
les endroits que j'avois eu l'honneur de diriger, et
comme le Lecteur la trouvera dans la suitté de ce
livre. Mais voyant, par le plaisir que ces mesmes
personnes disoient que je leur avois fait, que ces
sortes de connoissances-là n'étoient pas si fort à
mépriser que je me l'imaginois, et que bien des
gens de qualité, ainsi que beaucoup d'officiers de
nouvelle datte ou qui aspiroient de l'estre, ne
seroient pas fâchez d'en avoir part : les uns pour
sçavoir ce qu'ils peuvent faire et quel train ils
peuvent entretenir suivant leur revenu, et les
autres pour aprendre leur métier et se rendre ca-
pables de donner les ordres nécessaires dans une
grande maison, je conçûs le dessein de leur en
faire présent, et pour achever de contenter le public,
d'y adjouster quelques remarques sur d'autres maisons de moindre conséquence, avec le devoir de
tous les domestiques en général, mesme celuy des
marchands envers leurs garçons de boutiques et
aprentifs, et des garçons de boutiques et aprentifs
envers leurs maîtres et maîtresses.

Ce petit ouvrage achevé suivant mon idée et la
foiblesse de mon génie (car je ne me suis jamais pi-
qué de lettres, et n'ay point dessein pour cela de
vouloir passer pour autheur), j'en leus quelque chose
à de mes amis, qui me fortifièrent dans la pensée
que j'avois de le faire imprimer, et qui d'abondant
me conseillèrent, puisqu'il n'y avoit personne de ma
famille qui voulût être de ma profession après moy,
de ne pas laisser perdre les connoissances que j'y
pouvois avoir acquis depuis trente-cinq ans que je

m'en meslois, et sur celle des eaux et liqueurs, tant
fortes que rafraîchissantes, dont peu de gens avoient
de véritables lumières. Je les écoutay, mesme leur
promis d'y travailler. Enfin j'en dressay le petit
traitté qui fait une partie de ce volume, que peut-
estre ne trouvera-t'on pas mauvais effectivement,
puis que c'est ainsi que je l'ay toûjours prati-
qué pour le Roy, la Reyne et plusieurs autres
personnes des premières de l'Europe, qui par tout
m'ont toûjours fait la grâce d'en paroître assez
contens et de m'honorer de leurs aplaudissemens.

Je pourrois déjà mettre fin à ce discours, et peut-
estre cela feroit-il plaisir à certains lecteurs qui s'en-
nuyent d'abord à l'ouverture d'un livre; mais,
comme un vieux proverbe dit *que les bons maistres
font les bons valets*, je ne puis m'empescher, avant
que d'aller plus loin sur le chapitre de ces derniers,
de couler icy quelques mots en passant de ce que
les maîtres et maîtresses doivent à leurs domestiques,
et de quelle manière il faut qu'ils en agissent avec
eux pour en estre bien servis. Je diray donc que si
les maîtres et maîtresses, tant grands que petits seigneurs ou autres de plus médiocre état, veulent que
leurs gens aïent de l'amour et de l'affection pour
eux, il faut qu'ils les traittent avec douceur et bé-
nignité, qu'ils ne se mettent point sur le pied de
les chasser d'abord ou traitter trop rigoureusement
pour des bagatelles, et qu'ils les payent ou récom-
pensent bien, suivant les conventions faites avec
eux, ou en proportion de leurs bons et longs services. Car, quoi de plus odieux parmi le monde
que certains maîtres et maîtresses qui crient sans

cesse, qui pour rien sont toûjours dans l'emportement contre leurs domestiques, et qui après avoir fait passer des huit et dix ans à de pauvres malheureux, leur avoir fait souffrir pendant ce temps tout ce qu'on peut de plus fâcheux et de plus cruel, ne cherchent qu'à les opprimer pour le reste de leur vie, et à leur faire querelle lors qu'ils sont prests de sortir d'avec eux, afin d'avoir sujet de ne leur rien donner, et les frustrer de ce qu'ils leur ont promis et de la récompense qu'ils pouvoient légitimement espérer de leurs peines et de leurs soins?

Au bruit et à la veuë d'une semblable manière d'agir, quels sentimens peuvent avoir d'autres domestiques pour de semblables maîtres et maîtresses, quels intérests peuvent-ils prendre dans tout ce qui les regarde, et quelles instructions et remontrances pourroient les obliger à servir avec un véritable zèle des gens auprès de qui ils ne demeurent que par nécessité et dont ils n'espèrent que de la dureté et du mécontentement? Or il est donc vray que si les maîtres et maîtresses veulent avoir de bons domestiques, il faut qu'ils leur soient bons eux-mesmes, et qu'ils les regardent non comme des esclaves, mais comme leurs enfans adoptifs, dont ils doivent prendre soin comme de leurs enfans propres, et leur enseigner ou faire enseigner tout ce qu'il est nécessaire qu'ils sçachent, tant pour leur salut et service du Seigneur que pour l'établissement de leur fortune.

Je ne dis pourtant pas que par un excès de bonté et de douceur, des maîtres et maîtresses oublient à se faire rendre le respect qui leur est deub, et qu'ils

leur souffrent rien qui ne se puisse souffrir. Tant
s'en faut. Et il est de leur devoir de le leur montrer
par tout ce qu'ils font, et que s'ils en tolèrent quelquefois des bagatelles, ils n'entendent pas en agir
de mesme dans les choses de plus grande conséquence et qui marquent en eux quelque noirceur
d'âme ou quelque mépris pour ce qu'ils doivent ré-
vérer.

Je diray davantage. Pour les rendre plus soigneux
et leur ôter cette nonchalance qui souvent fait le
plus grand défaut des domestiques, il est bon que
les maîtres et maîtresses leur tiennent bride en
main, et leur fàssent payer ce qu'ils peuvent gâter
par leur peu d'adresse ou perdre par négligence et
faute de soin, ou du moins de leur en donner la
peur, afin de les obliger à prendre toûjours bien
garde à ce qu'ils font et à ne rien laisser traîner
mal à propos. Il seroit mesme encore du bon
ordre des maîtres et maîtresses, quand ils prennent
des domestiques, de les charger par un mémoire si-
gné et fait double entre eux de tout ce qu'ils
doivent avoir en maniment dans leur maison;
car ainsi, il n'y auroit jamais rien à dire de part
ny d'autre, personne ne se pourroit tromper. Et
si les uns ne pouvoient pas rien demander davantage, les autres ne pourroient se dispenser de
rendre un compte juste et exact de tout ce qui
leur auroit esté mis entre les mains.

Enfin, en bien payant, les maîtres et maîtresses
doivent se faire bien servir, mais sans cruauté et
sans tyrannie, et cela estant ainsi il est impossible
que leurs domestiques ne s'attachent sincèrement à

eux, qu'ils les regardent comme leurs véritables
pères et mères, et qu'ils ne se sacrifient par tout
pour le moindre de leurs intérests. Je ne diray point
icy quels gages ny quèlles récompenses les maîtres
et maîtresses sont obligez de donner à leurs domestiques, cela se fait à discrétion ou suivant leur
pouvoir. Mais dans l'un et dans l'autre cas, ils
doivent tous considérer qu'un vieux domestique qui
n'est plus en état d'aprendre de métier ny d'aller
servir ailleurs, est véritablement digne de compas-
sion, et que c'est alors qu'ils doivent le plus s'efforcer de leur faire quelque bien, et d'imiter en cela
défunt M. le Prince de Condé, qui suivant le mérite et les services de ses anciens domestiques leur
assignoit des pensions ou leur donnoit des emplois
dans ses terres où ils pouvoient doucement et sans
peine passer le reste de leurs jours. C'est ainsi qu'il
seroit à souhaiter que tous les maîtres et maîtresses
fussent à proportion, et avec d'autant plus de raison
qu'une généreuse charité fut toûjours le partage
des plus belles âmes, et que rien n'est plus loüable
que de mettre un malheureux en état de ne plus
songer qu'à faire son salut et à prier le Ciel pour la
gloire et prospérité de ceux qui s'en sont rendus les
protecteurs.

Quelqu'un s'étonnera peut-estre que je me sois
restraint à parler icy et à ne donner des préceptes
que pour la maison d'un grand seigneur et autres
au dessous, et que je n'aye rien dit de celles du
Roy et des Princes, sur lesquelles il y aurait eu
mille belles choses à remarquer, tant sur leurs magnificences que sur le devoir de chaque officier en

particulier. Mais il sçaura, et je suis bien aise de
m'en expliquer, que le respect que j'ay pour elles
ne me l'a pas permis; que, d'ailleurs, cela auroit
presque esté inutile, attendu qu'elles ont toûjours
esté réglées d'elles mesmes depuis qu'elles subsistent;
qu'il n'y a que des officiers, qui n'y sont point
traittés de domestiques, mais de commensaux; et
qu'il n'y a personne qui cherche à y entrer en
charge qui ne soit ou ne doive estre parfaitement
instruit de tout ce qu'il est obligé de faire et de
sçavoir.

Voilà tout ce que j'avois à dire au Lecteur tou-
chant un ouvrage assez particulier en son espèce,
et qui, quoy que très nécessaire à la vie civile,
n'est point encore entré dans l'idée de personne.
C'est ce qui me fait espérer qu'on le recevra agréa-
blement, et qu'en faveur de son utilité on en excu-
sera le peu de politesse et les fautes qui s'y pourront
rencontrer.

INDEX ALPHABÉTIQUE

FIN DE L'INDEX ALPHABÉTIQUE.

PARIS. TYP. DE E. PLON, NOURRIT ET Cie, RUE CARANCIÈRE, 8.

PARIS

TYPOGRAPHIE DE E. PLON, NOURRIT ET Cie

Rue Garancière, 8.

www.ingramcontent.com/pod-product-compliance
Lightning Source LLC
Chambersburg PA
CBHW070804270326
41927CB00010B/2287